Rethinking
Reconstructing
Reproducing

*

"精神译丛"
在汉语的国土
展望世界
致力于
当代精神生活的
反思、重建与再生产

*

Montesquieu
La politique et l'histoire

Louis Althusser

———————

[法] 路易·阿尔都塞 著 霍炬 陈越 译

精神译丛·徐晔 陈越 主编
阿尔都塞著作集·陈越 编

孟德斯鸠：政治与历史

西北大学出版社

本书翻译受国家社会科学基金一般项目

（项目号：08BZW006）支持。

路易·阿尔都塞

纪念路易·阿尔都塞(Louis Althusser)诞辰一百周年
1918—2018

目 录

中文版阿尔都塞著作集序(艾蒂安·巴利巴尔) / 1

前言 / 1
第一章 方法的革命 / 7
第二章 法的新理论 / 27
第三章 历史的辩证法 / 45
第四章 "有三种政体……" / 71
 一、共和政体 / 73
 二、君主政体 / 79
 三、专制政体 / 91
第五章 分权的神话 / 109
第六章 孟德斯鸠的党见 / 123
结语 / 139
参考书目 / 142

关键词对照表 / 147
译后记(一):孟德斯鸠的唯物主义肖像(霍炬) / 159
译后记(二)(陈越) / 176

中文版阿尔都塞著作集序

艾蒂安·巴利巴尔

为这套大规模的中文版阿尔都塞著作集作序,是我莫大的荣幸。我从1960年到1965年在巴黎高等师范学校跟随路易·阿尔都塞(1918—1990)学习,后来又成为他的合作者(尤其是《阅读〈资本论〉》的合作者,这部集体著作来源于1964—1965年他指导下的研讨班)①。这份荣幸来自这套中文版著作集的负责人,尤其是吴志峰(吴子枫)先生的一再友好要求。后者去年受邀作为访问学者到尤里姆街的高师专事阿尔都塞研究,并特地去查阅了存于"当代出版纪念研究所"(IMEC)的阿尔都塞资料。他在巴黎找到我,和我进行了几次非常有趣的交谈。我要感谢他们的这份信任,并向他们表达我的友情。当然,我也要向这里出版的这些著作的未来读者表达我的友情。由于这些著作来自遥

---

① 路易·阿尔都塞、艾蒂安·巴利巴尔(Etienne Balibar)、罗歇·埃斯塔布莱(Roger Establet)、皮埃尔·马舍雷(Pierre Macherey)、雅克·朗西埃(Jacques Rancière),《阅读〈资本论〉》(Lire le Capital, 1965),修订新版,法国大学出版社(PUF),"战车丛书"(Quadrige),1996年。

远的大陆,长期以来在传播方面存在着种种困难;由于这个大陆与中国有着非常不一样的现代历史(尽管我们现在已经共同进入了"全球化"时代);由于这些著作可以追溯到一个属于"历史的"过去时代(只有对其中一些老人不能这么说),也就是说一个被遗忘的时代——所以对中国读者来说,要重新把握他们将要读到的这些文本的意图和言外之意,可能会有一些困难。我相信编者的介绍和注解会大大降低这项任务的难度。就我而言,我在这里只想对阿尔都塞这个人以及他的著作进行一个总体的、介绍性的评述,然后我要阐述一些理由,说明为什么阿尔都塞著作的中文译本尤其显得有意义,甚至尤其重要。

路易·阿尔都塞是欧洲20世纪"批判的"马克思主义的伟大人物之一,他的著作在若干年间曾引起世界性的轰动,然后才进入相对被遗忘的状态。然而,这种状态现在似乎正在让位于一种新的兴趣,部分原因在于,这位哲学家大量的未刊稿在身后出版,非常明显地改变并扩展了我们对他的思想的认识;另一部分原因在于这样一个事实:相对于阿尔都塞去世之时(恰逢"冷战"结束),世界形势又发生了新变化,他所提出来的一些问题,或者说他所提出来的一些概念,现在似乎又再次有助于我们对当前的时代进行反思,哪怕那些问题或概念已经具有了与先前不一样的意义(这也是必然的)。

阿尔都塞1918年出生于阿尔及尔的一个小资产阶级家庭(确切地说,不能算是一个"侨民"家庭,而是一个在阿尔及利亚工作的公务员和雇员家庭),既受到非常古典的学校教育,又受到非常严格的宗教教育。他似乎在青少年时期就已经是一名非常虔诚的天主教徒,有神秘主义倾向,政治上也偏于保守。1939年,阿尔都塞通过了巴黎高等师范学校(这是法国培养科学、人文学科教师和研究者的主要机构,招收学生的数量非常有限)的入学考试,就在他准备学习哲学时,第二次世界大战突然爆发了。他的生活因此被整个打乱。他被动员入伍,其后与成千上万溃败的法国士兵一起,被德军俘虏。他被送到一个战俘营(stalag),在那里待了五年。尽管如此,由于他(作为战俘营护士)的关押条件相对来说好一些,所以可以读书、劳动,并建立大量社会联系,其中就包括与一些共产主义青年战士之间的联系。获得自由后,他恢复了在高师的学习,并很快就通过了教师学衔考试(学习结束时的会考),然后他自己又被任命为准备参加教师学衔考试的学生的辅导教师。他在这个职位上一直干到自己职业生涯结束,并且正是在这个职位上指导了几代法国哲学家,其中有一些后来很出名,比如福柯、德里达、塞尔、布尔迪厄、巴迪乌、布弗雷斯、朗西埃等。有很短一段时期,阿尔都塞继续留在一些天主教战斗团体里(但这是一些左翼倾向的团体,特别是那些依靠"工人教士"经验、很快就被天主教会谴责并驱逐的团体)①,为它们写了

---

① 这是一个叫"教会青年"(Jeunesse de l'Eglise)的团体,组织者是蒙蒂克拉尔神父(Père Maurice Montuclard O. P.)和他的女伴玛丽·奥贝坦(Marie Aubertin)。蒂埃里·科克(Thierry Keck)的著作《教会青年(1936—1955):法国进步主义危机的根源》(*Jeunesse de l'Eglise 1936—1955. Aux sources de la crise progressiste en France*)[艾蒂安·富尤(Etienne Fouilloux)作序,Karthala 出版社,2004 年]为青年阿尔都塞在"教会青年"团体中所发挥的重要作用、为他在团体中与其他成员结下的长久友谊提供了大量细节。关于前者,扬·穆利耶·布唐(Yann Moulier Boutang)在他的传记中也已指出(指布唐的《阿尔都塞传》——译注)。

一些短文章。1948年,阿尔都塞加入了法国共产党,当时法共的领导人是莫里斯·多列士。法共在德占时期的抵抗运动中为自己赢得了荣誉,并依靠苏联(苏联先是在1943年通过第三国际,而后又通过共产党和工人党情报局,掌控着法共的政策和领导人)的威望,在当时成为法国最有力量的政党,与戴高乐主义势均力敌。当时,尽管党在雅尔塔协定的框架下实际上放弃了夺取政权的努力,但革命的希望依然很大。在这同一时期,阿尔都塞认识了埃莱娜·里特曼－勒戈蒂安,后者成了他的伴侣,再后来成了他的妻子。埃莱娜比阿尔都塞大将近十岁①,战前就已经是法共党员了,此时还是一个地下党抵抗组织的成员。但在事情并非总是能得到澄清的情况下,她被指控有"托派倾向",并被开除出党。她对阿尔都塞政治观念的形成,尤其是在他对共产主义运动史的表述方面,影响很大。

冷战期间,共产党人知识分子即使没有成为镇压的对象,至少也是怀疑的对象,同时他们本身也因知识上的极端宗派主义态度而变得孤立(这种知识上的宗派主义态度的基础,是日丹诺夫1947年宣布的"两种科学"的哲学教条——这种教条还扩展到了哲学、文学和艺术领域)。这期间阿尔都塞主要只在一些教育学杂志上发表了几篇文章,他在这些文章中提出了关于"历史唯物主义"和"辩证唯物主义"的一些论点;他还就历史哲学中一些占统治地位的思潮进行了一次讨论。所

---

① 埃莱娜(1910—1980)比阿尔都塞(1918—1990)实际大八岁。——译注

以他当时与"战斗的马克思主义"保持着距离①。在教授古典哲学之外,他的个人工作主要涉及政治哲学和启蒙运动时期的唯物主义者,以及帕斯卡尔和斯宾诺莎,后两位作为古典时期"反人道主义"的反命题形象,自始至终都是阿尔都塞获得灵感的源泉。在接下来研究"黑格尔哲学中的内容观念"②的"高等教育文凭"论文中,阿尔都塞同样在继续深化他对黑格尔和"马克思的哲学著作"的认识,尤其是那些当时才刚出版的马克思青年时期的著作。毫无疑问,阿尔都塞的政治观念在当时与共产党内占统治地位的路线是一致的,尤其是在"社会主义阵营"发生危机(如1956年的匈牙利革命)和殖民地发生战争(包括阿尔及利亚战争,法共对起义持有限的支持态度)的时刻③。

接下来的时期具有一种完全不同的特性。随着1956年苏共二

---

① 青年阿尔都塞在一篇文章的题铭中以颇具斯大林主义特点的口吻引用了日丹诺夫的话(阿尔都塞引用的话是"黑格尔的问题早已经解决了"。——译注)。这篇《回到黑格尔:大学修正主义的最后废话》(*Le retour à Hegel. Dernier mot du révisionnisme universitaire*)是为了反对让·伊波利特(Jean Hyppolite)而写的,后者不久就成为他在高师的朋友和合作者,并经常以自己对黑格尔的阐释反对科耶夫(Kojève)的阐释。这篇文章1950年发表在《新批评》(*La Nouvelle Critique*)上,后收入《哲学与政治文集》(*Écrits philosophiques et politiques*),第一卷,Stock/IMEC,1994年,第243-260页。

② 1947年10月,阿尔都塞在巴什拉的指导下完成高等教育文凭论文《论 G. W. F. 黑格尔思想中的内容》(*Du contenu dans la pensée de G. W. F. Hegal*)。正文中提到的标题与这里的实际标题不同。——译注

③ 从这种观点看,他在1978年的未刊稿《局限中的马克思》(« Marx dans ses limites »)中对戴高乐主义的分析非常具有启发性。参见《哲学与政治文集》,第一卷,前引,第428页及以下。

十大对"斯大林罪行"的披露,以及随后1961年二十二大"去斯大林化"运动的掀起,整个共产主义世界("铁幕"内外)都进入了一个混乱期,再也没有从中恢复过来。但马克思的思想却正在获得巨大声誉,尤其是在那些青年大学生当中——他们受到反帝国主义战争榜样(特别是阿尔及利亚战争和越南战争)和古巴革命成功的激发,从而感受到专制社会结构的危机正在加剧。让-保罗·萨特,当时法国最著名的哲学家,在他1960年的《辩证理性批判》中宣布:马克思主义是"我们时代不可超越的哲学地平线"①。而马克思主义理论的性质问题,无论是对于共产党组织和它的许多战士来说,还是对于大量的知识分子,尤其是哲学家以及人文科学方面的专家、艺术家和作家来说,都成了一个很伤脑筋的问题。阿尔都塞的几次干预——关系到对马克思思想的阐释和对"社会主义人道主义"难题的阐释——产生了预料不到的反响,先是在法国,后来又波及国外。1965年出版《保卫马克思》(由写于1960年至1965年的文章汇编而成)和《阅读〈资本论〉》(和他的学生艾蒂安·巴利巴尔、罗歇·埃斯塔布莱、皮埃尔·马舍雷和雅克·朗西埃等合著)之后,阿尔都塞成了著名哲学家,无论在法国还是在海外,无论是在共产党和马克思主义圈子内,还是在那个圈子外,都引发了大量争论和论战。他

---

① "因此,它[马克思主义]仍然是我们时代的哲学:它是不可超越的,因为产生它的环境还没有被超越。[……]但是,**只要社会关系的变化和技术进步还未把人从匮乏的桎梏中解放出来,马克思的命题在我看来就是一种不可超越的证明**。"参见 Jean-Paul Sartre, *Critique de la raison dialectique* (1960), Gallimard 出版社,1985年,第36、39页;也参见《辩证理性批判》,林骧华等译,安徽文艺出版社,1998年,第28、32页。译文有修改。——译注

似乎成了他自己后来所说的"人道主义论争"(它搅动了整个法国哲学界)的主角之一。阿尔都塞所捍卫的与基督教的人道主义、存在主义的人道主义、马克思主义的人道主义相对立的"理论上的反人道主义",显然是以一种间接的方式,不仅从哲学的层面,而且还从政治的层面,否定了赫鲁晓夫去斯大林化运动中占统治地位的倾向。他抨击**经济主义**和**人道主义**的结合,因为在他眼里,这种结合是占统治地位的资产阶级意识形态的特征,但有些人却以此为名,预言两种社会体系即资本主义和社会主义会"合流"。不过,他是通过一些与(列宁去世后被斯大林理论化并在整个共产主义世界被官方化了的)"辩证唯物主义"毫不相关的理论工具,以一种哲学观的名义来进行抨击的。阿尔都塞提出的哲学观,不顾一些文本上的明显事实,抛弃了马克思主义当中的黑格尔遗产,转而依靠斯宾诺莎的理智主义和唯物主义。在阿尔都塞的哲学观看来,斯宾诺莎是意识形态理论的真正奠基人,因为他把意识形态看作是构成个人主体性的社会想象结构——这是一种马克思预示了但同时又"错失了"的理论。正因为如此,阿尔都塞的哲学观非常强有力地促进了斯宾诺莎研究和斯宾诺莎主义影响的"复兴"——他的这整个时期都打下了这种影响的印记。阿尔都塞的哲学观还同时从卡瓦耶斯(1903—1944)、巴什拉(1884—1962)和康吉莱姆(1904—1995)的"历史的认识论"中借来一种观念,认为"常识"和"科学认识"之间存在着一种非连续性(或"断裂"),所以可以将知识的辩证法思考为一种没有合目的性的过程,这个过程通过**概念**的要素展开,也并不是服从于**意识**的优先地位。而在笛卡尔、康德和现象学对真理的理论阐述中,意识的标准是占统治地位的。最后,这种哲学在马克思的思想和弗洛伊德的思想之间寻求一种"联盟"。弗洛伊德作为精神分析的奠基人,当时仍然被官方马克思主义忽视甚至拒斥,但另一方面,他的这个地位却被拉康(1901—1981)所复兴。对于阿尔都塞来说,这里的关键是既要指出意识形态与无意识之间的相互构成关系,又要建构一种关于时间性和因果性因而也是关于实践的新观念。

由于所有这些创新,阿尔都塞的哲学话语大大超出了马克思主义者的争论圈子,更确切地说,他将这些争论变成了另一个更普遍的哲学事业的一个方面,那个哲学事业不久就被称为**结构主义**(尽管这个词的含义并不明确)。因此,阿尔都塞成了结构主义和马克思主义的相遇点,得到了双方的滋养。在他的学生看来,他为两者的"融合"带来了希望。像所有结构主义者一样,他发展了一套关于**主体**的理论,这个**主体**实际上不是认识和意志的理想的"起源"①,而是诸多社会实践的、各种制度的、语言的和各种想象形态的"后果",是一种"结构的行动"②。与其他结构主义者不同,他试图定

---

① "起源"原文为"origine",同时也有"起点"的意思。值得指出的是,阿尔都塞一贯反对"起源论",在他看来,唯物主义哲学家(比如伊壁鸠鲁)"不谈论世界的起源(origine)这个无意义的问题,而是谈论世界的开始(commencement)"。参见《写给非哲学家的哲学入门》(*Initiation à la philosophie pour les non-philosophes*),法国大学出版社,2014 年,第 66 页。——译注

② "结构的行动"(action de la structure)这个词是由阿尔都塞和拉康共同的门徒伊夫·迪鲁(Yves Duroux)、雅克-阿兰·米勒(Jacques-Alain Miller)、让-克洛德·米尔内(Jean-Claude Milner)所组成的那个团体发明的。参见再版的《分析手册》(*Cahiers pour l'Analyse*)(这是高等师范学校认识论小组的刊物),金斯顿大学(Université de Kingston)主持编印,第 9 卷(文章只署了 J.-A. 米勒的名字)(http://cahiers.kingston.ac.uk/pdf/cpa9.6.miller.pdf)。

义的结构概念不是(像在数学、语言学甚至人类学中那样)以识别形式的**不变式**为基础,而是以多重**社会关系**的"被过度决定的"结合(其具体形象在每种历史**形势**中都会有所改变)为基础。他希望这样能够让结构的概念不但服务于对社会**再生产**现象的分析,而且首先服务于对**革命**阶段现象的分析(在他看来,当代社会主义革命就是革命的典范)。这样一来,历史就可以被同时思考为(没有主体的)过程和(没有合目的性的)事件。

我一直认为,这种哲学的建构,或更确切地说,由这种哲学建构所确立起来的研究计划,构成了一项伟大的事业,它的全部可能性还没有被穷尽。它身后还留下了好些未完成的难题性,比如对理论和艺术作品进行"症状阅读"的难题性(它肯定影响了德里达的"解构"),还有"有差别的历史时间性"的难题性(时常接近于被阿尔都塞完全忽视了的瓦尔特·本雅明的思想)——这两种难题性都包含在《阅读〈资本论〉》阿尔都塞所写的那部分当中。但在接下来的时期,从1968年五月事件之前开始(虽然阿尔都塞没有参与其中,但这个事件给他带来了创伤性的后果),阿尔都塞对自己的哲学进行了根本的改写。他进入了一个**自我批评**期,然后在新的基础上**重构**了自己的思想,但那些基础从来就没有一劳永逸地确定下来。他没有忘记斯宾诺莎,但通过放弃结构主义和"认识论断裂",他力图为哲学,并由此为历史理论,赋予一种直接得多的政治性。由于法共官方发言人和他自己的一些(成为在五月运动之后建立起来的"毛主义"组织生力军的)青年学生同时指责他低估了阶级斗争以及哲学中的阶级立场的重要性,阿尔都塞开始重新估价这种重要性,虽然是根据他自己的方式。这里不能忘记的是,这种尝试是在一种特别的语境中展开的,这个语境就是，在欧洲，发生了重要的社会运动和社会斗争，同时在"左派"即极端革命派倾向与改良主义倾向之间产生了分裂，改良主义在20世纪70年代的结果是所谓的"欧洲共产主义"的形成，而后者在改变法国、意大利和西班牙的政治博弈方面最终失败，随后被新自由主义浪潮所淹没。当时阿尔都塞似乎通过一种他力图为自己的思想所发明的新配置，撤退到一些更经典的"马克思主义"难题上去了（但另一方面，"后结构主义"哲学家们却越来越远离马克思主义：尽管在这个诊断底下，还需要作更细致的辨别）。然而，他的有些难题还是获得了广泛的共鸣，这一点我们在今天可以更清楚地感觉到。尤其是他关于"意识形态唤问①""意识形态国家机器"构成的理论就是这样——它是1971年从当时一份还

---

① "唤问"原文为"interpellation"，其动词形式为"interpeller"，它的含义有：1.（为询问而）招呼，呼喊；2.（议员向政府）质询，质问；3.［法］督促（当事人回答问题或履行某一行为）；4.（警察）呼喊，追问、质问，检查某人的身份；5.强使正视，迫使承认；6.呼唤（命运），造访。詹姆逊把它解释为"社会秩序把我们当作个人来对我们说话并且可以称呼我们名字的方式"，国内最早的《意识形态和意识形态国家机器》译本译为"询唤"，系捏合"询问"和"召唤"的生造词，语感牵强，故不取。我们最初使用了"传唤"的译法（参见《哲学与政治：阿尔都塞读本》，陈越编，吉林人民出版社，2003年），似更通顺；但由于"传唤"在法语中另有专词，与此不同，且"传唤"在汉语中专指"司法机关通知诉讼当事人于指定的时间、地点到案所采取的一种措施"，用法过于狭窄，也不理想。考虑到这个词既是一个带有法律意味的用语，同时又用在并非严格司法的场合，我们把它改译为"唤问"，取其"唤来问讯"之意（清·黄六鸿《福惠全书·编审·立局·亲审》有"如审某里某甲，本甲户长，先投户单，逐户唤问"一说）。有的地方也译为"呼唤"。——译注

没发表的手稿《论社会关系的再生产》①中抽出来的。这一理论对于分析**臣服**和**主体化**过程具有重大贡献。今天,在当时未发表的部分公之于世之后,我们会发现,对于他的一些同时代人,例如被他们自己的"象征资本"和"权力关系"问题所纠缠的布尔迪厄和福柯来说,它代表了一种激励和巨大的挑战。它在今天尤其启发着一些法权理论家和强调话语"述行性"的女性主义者(尤其是朱迪斯·巴特勒)②。阿尔都塞关于马基雅维利的遗著《马基雅维利和我们》(写于1972—1976年)出版后,也让我们能更好地了解那些关于意识形态臣服形式再生产的思考,是如何与关于集体政治行动的思考接合在一起的,因为政治行动总要以"挫败"意识形态为前提。这些思考响应着他对哲学的"实用主义的"新定义。哲学不是认识的方法论或对历史概念的辩证考察,而是一种"理论中的阶级斗争",或更一般地说,是一种思想的**战略**运用,旨在辨别出——哪怕最抽象的——话语之间的"力量对比",这种力量对比所产生的作用不是保持(葛兰西曾称之为**领导权**作用)就是抵抗和背叛事物的现存状态。

这一时期阿尔都塞的哲学工作(经常因各种政治论争和他自己不时的躁狂抑郁症的影响而打断和分心),与其说是建立了一

---

① 路易·阿尔都塞,《论再生产》(*Sur la reproduction*),法国大学出版社,"今日马克思:交锋"丛书(Collection «Actuel Marx:Confrontations»),2011年,第2版。(中文版已收入"阿尔都塞著作集",吴子枫译,西北大学出版社,2019年。——译注)

② 见朱迪斯·巴特勒(Judith Butler)的《权力的精神生活:臣服的理论》(*The Psychic Life of Power, Theories in Subjection*,1997)和《易兴奋的言辞:述行语的政治》(*Excitable Speech. A Politics of the Performative*,1997)。

个体系,不如说是构成了一片堆放着各种开放性问题的大工地,其中**主体性和政治行动**之间关系的难题,以某种方式替代了**社会结构和历史形势**之间关系的难题。更确切地说,他是要使这个难题变得复杂化,在某种程度上是要解构它。比起此前的阶段,这个时期更少完整的体系性建构,更少可以被视为"阿尔都塞哲学"原理的结论性"论点"。但这一时期存在着一种"理论实践",一种时而大胆时而更具防御性的思考的努力,它证明了一种受到马克思主义启发的思想的转化能力,证明了在当下和当下的变化中追问现实性(actualité),也就是说在追问(福柯所说的)"我们之所是的本体论"时,政治与哲学之间的交叉相关性。我们都知道,这种努力被一连串(相互之间可能并非没有联系的)悲剧性事件所打断:首先,在集体方面,是"现实的社会主义"和马克思主义思想的全面化危机开始了(在 1977 年 11 月由持不同政见的意大利共产主义团体《宣言报》组织的关于"后革命社会中的权力和对立"威尼斯研讨会上,阿尔都塞本人通过一次著名的干预对这一危机作出了诊断)①;其次,在个人方面,是阿尔都塞 1980 年 11 月在躁狂抑郁症发作时杀死了自己的妻子埃莱娜(这导致他被关入精神病院,直到 20 世纪 80 年代中期才从那里离开过几年)。

---

① 《宣言:后革命社会中的权力和对立》(*Il Manifesto*:*Pouvoir et opposition dans les sociétés postrévolutionnaires*),Seuil 出版社,1978 年。阿尔都塞这次干预的文本现在还收入阿尔都塞另一文集《马基雅维利的孤独》(*Solitude de Machiavel*)中,伊夫·桑多默(Yves Sintomer)整理并评注,"今日马克思:交锋"丛书,法国大学出版社,1998 年,第 267-280 页。(阿尔都塞在会议上所作的发言题为《马克思主义终于危机了!》。——译注)

一些重要的同时也比以前更为片段式的文稿(虽然其中有几篇比较长)恰好产生于接下来的时期。首先是一部自传文本《来日方长》(写于1984年),其中披露了和他的生活、思想变化有关的一些珍贵资料——这部著作的中文版已经先于这套阿尔都塞著作集出版了①。正如通常在自传写作中也会有"辩护的"一面那样,因为阿尔都塞的这部自传受到他自我批评倾向甚或自我惩罚倾向的过度决定,所以最好不要把它所包含的那些"披露"或"忏悔"全部当真。我们仍缺少一部完整的阿尔都塞传记(扬·穆利耶·布唐早就开始写的《阿尔都塞传》至今没有完成)②。大家尤其会注意到这一时期专门围绕"偶然唯物主义"这个观念所写的那些断章残篇。"偶然唯物主义"是阿尔都塞为了反对"辩证唯物主义"而造的一个词,他用它来命名一条看不见的线索。这条线把古代希腊—拉丁原子论哲学家(德谟克利特、伊壁鸠鲁、卢克莱修)与一些经典然而又异类的思想家,如马基雅维利(因为他关于"能力"和"命运"统治着政治事件的理论)、斯宾诺莎(因为他对自然和历史中合目的性观念的坚决反对)、卢梭(因为他在《论人与人之间不平等的起源和基础》中把人类文明的开始描绘为一系列偶然事件)、阿尔都塞所阐释的马克思(阿尔都塞把马克思从

---

① 阿尔都塞,《来日方长》,蔡鸿滨译,陈越校,上海人民出版社,2013年。——译注

② 扬·穆利耶·布唐(Yann Moulier Boutang),《路易·阿尔都塞传(第一部分)》[*Louis Althusser: une biographie*(1ʳᵉ *partie*)] (即《路易·阿尔都塞传:神话的形成(1918—1956)》——译注),Grasset出版社,1992年(2002年再版袖珍本)。

其黑格尔主义中"泻了"出来），乃至与当代哲学的某些方面比如德里达（因为他对起源观念的批判和他关于踪迹"播撒"的理论）连接了起来。说实话，关于偶然唯物主义的那些主题在阿尔都塞思想中算不上是完全新颖的，它们只是以一种新的哲学"代码"重新表述了那些从一开始就存在的立场，并使之变得更激进了（尤其是由于阿尔都塞强调，在对历史进行概念化的过程中，"形势"具有优先性）——这一点已经由最近一些评论者明确地指了出来①。与那些主题共存的是一种对共产主义的表述：共产主义不是人类发展的一个未来"阶段"，而是一种"生活方式"，或一些在资产阶级社会"空隙"中就**已经存在**的、逃避各种商品形式统治的实践的集合。这个隐喻可以远溯到伊壁鸠鲁，中间还经过马克思（关于商品交换在传统共同体"缝隙"或"边缘"发展）的一些提法。② 这些主题的未完成性、片段性，与一个时代（我们的时代）

---

① 尤其见爱米利奥·德·伊波拉（Emilio de Ipola）的著作《阿尔都塞：无尽的永别》（*Althusser, El infinito adios*），21世纪出版社，2007年（法文译本 *Althusser. L'adieu infini*，艾蒂安·巴利巴尔序，法国大学出版社，2012年），以及沃伦·蒙塔格（Warren Montag）的著作《阿尔都塞及其同时代人：哲学的永久战争》（*Althusser and His Contemporaries: Philosophy's Perpetual War*），杜克大学出版社，2013年。

② 参见马克思《资本论》，《马克思恩格斯文集》，第五卷，人民出版社，2009年，第97页："在商品生产者的社会里，一般的社会生产关系是这样的：生产者把他们的产品当作商品，从而当作价值来对待，而且通过这种物的形式，把他们的私人劳动当作等同的人类劳动来互相发生关系。对于这种社会来说，崇拜抽象人的基督教，特别是资产阶级发展阶段的基督教，如新教、自然神教等等，是最适当的宗教形式。在古亚细亚的、古希腊罗马的等等生产

的精神是相一致的。这个时代的特点就是,一方面,各种权力关系和统治关系是否能持久,还具有很大的不确定性;另一方面,文

方式下,产品变为商品、从而人作为商品生产者而存在的现象,处于从属地位,但是共同体越是走向没落阶段,这种现象就越是重要。真正的商业民族只存在于古代世界的空隙中,就像伊壁鸠鲁的神只存在于世界的空隙中,或者犹太人只存在于波兰社会的缝隙中一样。这些古老的社会生产机体比资产阶级的社会生产机体简单明了得多,但它们或者以个人尚未成熟,尚未脱掉同其他人的自然血缘联系的脐带为基础,或者以直接的统治和服从的关系为基础。它们存在的条件是:劳动生产力处于低级发展阶段,与此相应,人们在物质生活生产过程内部的关系,即他们彼此之间以及他们同自然之间的关系是很狭隘的。这种实际的狭隘性,观念地反映在古代的自然宗教和民间宗教中。只有当实际日常生活的关系,在人们面前表现为人与人之间和人与自然之间极明白而合理的关系的时候,现实世界的宗教反映才会消失。只有当社会生活过程即物质生产过程的形态,作为自由结合的人的产物,处于人的有意识有计划的控制之下的时候,它才会把自己的神秘的纱幕揭掉。但是,这需要有一定的社会物质基础或一系列物质生存条件,而这些条件本身又是长期的、痛苦的历史发展的自然产物。"另见《来日方长》阿尔都塞本人的论述:"当时我坚持这样的看法:从现在起,'共产主义的小岛'便存在于我们社会的'空隙'里(空隙,这个词是马克思——仿照伊壁鸠鲁的诸神在世界中的形象——用于描述古代世界最初的商业中心的),**在那里商品关系不占支配地位**。实际上,我认为——我在这一点上的思考是和马克思的思想相一致的——共产主义的唯一可能的定义——如果有朝一日它在世界上存在的话——就是**没有商品关系**,因而没有阶级剥削和国家统治的关系。我认为在我们当今的世界上,确实存在着许许多多的人类关系的小团体,都是没有任何商品关系的。这些共产主义的空隙通过什么途径才能遍及整个世界呢?没有人能够预见——无论如何,不能再以苏联的途径为榜样了。"见阿尔都塞,《来日方长》,前引,第 240 – 241 页。——译注

化和社会的变化正在成倍增加,它们是不是会"结合"成某种独特的文化形式(同时也更是政治形式),则完全无法预见。在这种语境中,"最后的阿尔都塞"的断章残篇,具有撼动其他已确立的价值的巨大价值(因为它们永远盯着一部分人对另一部分人的统治问题,盯着被统治者获得解放的希望问题)。但是,我们显然不应该期待这些文章能为我们所生活的世界提供完整而切近的解释。

今天中国公众将有一套中文版阿尔都塞著作集,这是一件非常重要、非常令人高兴的事,因为迄今为止,翻译到中国的阿尔都塞著作还非常少①。当然,这套著作集的出版是一个更大的进程的一部分,这个进程让这个国家的知识分子、大学师生甚至广大公众,能够接触到"资本主义"西方知识生产的整个成果(而他们曾经在几十年间得不到这样的机会),因而这个进程也会使得这

---

① 感谢吴志峰先生提供的线索,我很高兴在这里提醒大家,早在1984年10月,商务印书馆(北京)就出版了顾良先生翻译的《保卫马克思》(附有1972年的《自我批评材料》)。这是个"内部发行"版,只有某些"内部"读者可以得到。在此之前,顾良先生翻译了《马克思主义和人道主义》一文,发表在《哲学译丛》1979年12月第6期上,这是中国发表的第一篇阿尔都塞的文章。1983年乔治·拉比卡在巴黎十大(南特大学)组织召开纪念马克思逝世100周年研讨会,我在会上认识了顾良先生,从此我们成了朋友。顾良先生是外文出版社(北京)的专业译者(顾良先生当时实际上在中央编译局工作。——译注),尤其参加过毛泽东著作法文版的翻译,但同时他还利用挤出来的"自由时间",把一些自己认为重要的法国哲学家和历史学家的著作翻译成中文。顾良先生是把阿尔都塞著作翻译成中文的先行者,在这里我要向他致敬。

套著作集的出版在这个"全球化"世界的知识交流中发挥重要作用(正如在其他领域已经发生的情况那样)。当然,希望法国公众自己也能更多地了解中国过去曾经发生和今天正在发生的哲学争论。而就目前来说,除了一些专家之外,翻译上的不充分构成了一个几乎不可克服的障碍。最后,这还有可能引起我们对翻译问题及其对思想范畴和历史命运的普遍性产生影响的方式进行共同的思考①。但我想,中国读者之所以对阿尔都塞的知识和政治轨迹感兴趣,还有一些特别的原因:因为阿尔都塞多次与中国有交集,更确切地说,与在"毛泽东思想"指引下建设的中国共产主义有交集,并深受后者的影响。另一方面,我们自己也需要对阿尔都塞与中国的这种相遇持一种批判的眼光,因为它很可能过于依赖一些在西方流传的神话,其中一些变形和过分的东西必须得到纠正。中国读者对我们向他们传回的他们的历史形象所作的反应,在这方面毫无疑问会对我们有所帮助。

阿尔都塞与毛泽东思想的第一次"相遇"发生在两个时刻,都与《矛盾论》有关,这一文本现在通常见于"四篇哲学论文"②,后者被认为是毛泽东根据自己 1937 年在延安印发的关于辩证唯

---

① 在英语世界,这方面出现了一批特别值得关注的著作,比如刘禾(Lydia H. Liu)的研究(她在纽约哥伦比亚大学任教)。参见刘禾主编《交换的符码:全球化流通中的翻译难题》(*Tokens of Exchange*:*The Problem of Translation in Global Circulations*),1999 年由杜克大学出版社出版。

② 应指 *Quatre essais philosophiques*(《毛泽东的四篇哲学论文》法文版),外文出版社,1966 年,内收《实践论》《矛盾论》《关于正确处理人民内部矛盾的问题》《人的正确思想是从哪里来的》等四篇论文。——译注

主义的讲授提纲而写成的①。早在 1952 年,《矛盾论》就被翻译成法文,刊登在法共官方刊物《共产主义手册》上。今天我们了解到,对这篇文章的阅读让阿尔都塞震惊,并给他带来了启示②。一

---

① 毛泽东原标题为《辩证法唯物论(讲授提纲)》,系使用了"matérialisme dialectique"的旧译法。据《毛泽东著作选读》(人民出版社,1986 年,第 179 页)的说明,《矛盾论》是《辩证法唯物论(讲授提纲)》第三章中的一节《矛盾统一法则》。"这个讲授提纲一九三七年九月曾印过油印本,一九四〇年由延安八路军军政杂志社出版单行本,均未署作者姓名。《矛盾论》,一九五二年四月一日在《人民日报》正式发表。"又据布唐《阿尔都塞传:神话的形成》(前引,第473 页),毛泽东《矛盾论》的法文译本分两期发表于《共产主义手册》(1951 年2 月号、1952 年 8 月号)。另外,此处作者有误,四篇哲学论文中的《关于正确处理人民内部矛盾的问题》是毛泽东 1957 年 2 月 27 日在最高国务会议第十一次(扩大)会议上的讲话,《人的正确思想是从哪里来的》是毛泽东 1963 年 5 月修改《中共中央关于目前农村工作中若干问题的决定(草案)》时增写的一段话,两者都不是根据关于辩证唯物主义的讲授提纲而写成的。——译注

② 这些信息哲学家吕西安·塞夫早就告诉了我。在 2015 年 3 月《思想》杂志组织召开的阿尔都塞著作研讨会上,吕西安·塞夫在演讲中又再次提到这一点。塞夫本人过去也是阿尔都塞在高师的学生,然后又成为阿尔都塞的朋友,他是 20 世纪 60 年代法共内部围绕辩证法和马克思主义人道主义问题进行的争论的主角之一。在(1966 年在阿尔让特伊召开的中央委员会上)法共领导层用各打五十大板的方式"解决"了罗歇·加罗蒂的人道主义马克思主义和阿尔都塞的"反人道主义的"马克思主义之间的冲突之后,吕西安·塞夫正式成为党的哲学家,虽然他在"辩证法的颠倒"和哲学人类学的可能性问题上与阿尔都塞观点相左,但他与后者却一直保持着非常要好的私人关系,他们之间的通信持续了三十多年。已经预告要出版的他们之间的通信集,对于理解法国共产主义这一时期的历史和阿尔都塞在其中所占据的位置来说,将成为一份首屈一指的重要文献。

方面,作为不到三年以前获得胜利的中国革命的领袖,毛对阿尔都塞来说似乎是一个"新列宁":实际上自1917年以来,共产党的领袖第一次既是一位一流的马克思主义哲学家(即一位货真价实的哲学家),又是一位天才的政治战略家,他将革命力量引向了胜利,并显示了自己有能力用概念的方式对革命胜利的根据进行思考。因此,他是理论和实践相统一的化身。另一方面,毛的论述完全围绕着"事物对立统一的法则"进行,把它当作"唯物辩证法的最根本法则",而没有暗示任何别的"法则"(这与斯大林1938年在《论辩证唯物主义和历史唯物主义》——它本身受到恩格斯《自然辩证法》笔记的启发——中的论述相反),尤其是,毛还完全忽略了"否定之否定"这条在官方马克思主义当中最明显地从黑格尔"逻辑学"那里继承下来的法则。最后,在阐述"主要矛盾和次要矛盾""矛盾的主要方面和次要方面""对抗性矛盾和非对抗性矛盾"等概念,在阐述这些不同的项之间相互转化的可能性(这决定了它们在政治上的使用)时,毛没有满足于形式上的说明,而是大量提及中国革命的特殊性(尤其是中国革命与民族主义之间关系的变化)。根据吕西安·塞夫的证词,阿尔都塞当时认为,人们正面临着马克思主义哲学史上的一次决定性革新,可以完全更新关于马克思主义哲学的理解和教学(尤其在"党校"中),结束在他看来构成这方面特点的教条主义和形式主义。然而在当时,阿尔都塞对这些启示还没有进行任何公开的运用[1]。

---

[1] 关于这些哲学文本是否能归到毛泽东名下的问题,尤其是它们与毛泽东此前学习过并能从中得到启发的苏联"范本"相比具有多少原创性的问题,引发了大量的讨论和争论,参见尼克·奈特(Nick Knight)细致的研究《1923—

这种运用出现在十年之后。当时为了回应由他的文章《矛盾与过度决定》(最初发表于1962年12月,后收入1965年出版的文集《保卫马克思》)所引发的批评,他在一篇标题就叫《关于唯物辩证法(论起源的不平衡)》的文章(该文发表于《思想》杂志1963年8月号,后也收入《保卫马克思》一书)中提出,要对唯物辩证法的难题进行全面的改写。我不想在这里概述这篇论文的内容,大家可以在中文版《保卫马克思》中读到它;它是阿尔都塞最著名的文章之一,是我在上文描述过的他的最初那套哲学的"奠基石"。我只想提醒大家注意一个事实:阿尔都塞在这里把毛变成了两种观念的持有人甚至是发明人。在他看来,这两种观念标志着与马克思主义中黑格尔遗产的"断裂":一是关于一个总体(本质上是社会的、历史的总体,如1917年的俄国、20世纪30年代的中国、60年代的法国)的各构成部分的**复杂性**的观念,这种复杂性不能化约为一个简单而唯一的原则,甚或某种本质的表现;二是关于构成一切发展或过程的**不平衡性**的思想,这种不平衡性使得矛盾的加剧带来的不是"超越"(就像黑格尔的否定之否定模式一样),

---

1945年的中国马克思主义哲学:从瞿秋白到毛泽东》(*Marxist Philosophy in China: From Qu Qiubai to Mao Zedong, 1923—1945*),斯普林格(Springer)出版社,2005年。从这本书中我们可以特别了解到,《矛盾论》的研究只是毛泽东围绕"辩证法的规律"所作的几次报告之一,这就意味着事实上他并没有"排除否定之否定"。尽管如此,毛泽东只愿意发表(大概还重新加工了)这次关于矛盾作为"对立同一"的报告,让它广为发行,这个事实本身就完全可以说明问题。另一方面,1966年出版的"哲学论文"集还包括其他文本(尤其是其中的《实践论》同样来自延安的讲稿),而阿尔都塞从来没有对那些文本感兴趣。

而是"移置""凝缩"和"决裂"。以上涉及的只是阿尔都塞对毛的观念发挥的"纯"哲学方面,但还应该考察这种发挥的政治"形势"的维度。问题来自这样一个事实,即在1963年,毛泽东对法国共产党来说还是一位不知名的作者,而且无论如何,人们认为他不够正统(此外葛兰西也一样被认为不够正统,虽然理由相反)。这种糟糕的接受状况,是由中共和苏共之间在政治上已经很明显的不和所过度决定的,这种不和包含着20世纪国家共产主义大分裂的某些预兆,也标志着它的开始。在这种冲突中,法共采取了自己的立场,最终站在苏联一边,也就是赞同赫鲁晓夫,反对毛,但这种归顺并非是立即就发生的,远非如此。1956年苏共二十大召开之时,唯一在自己的讲话中引用斯大林(1953年去世)的共产党领袖只有多列士和毛泽东,而且他们联手反对公开发表赫鲁晓夫揭露斯大林罪行、掀起去斯大林化运动的"秘密报告"。这时阿尔都塞在自己的文章中批判人道主义,宣布"个人崇拜"范畴无效(说它"在马克思主义中是找不到的"),拒绝用"斯大林主义"这个概念(他总是更喜欢用"斯大林偏向"的概念),最后,更是赞美毛的哲学天才并加以援引,这些合在一起,在法共的干部和领袖们身上造成的后果,怎么能不加以考虑呢?这些极可能是在努力延续旧的方式,以抵制"去斯大林化",而不是为"从左面批判"斯大林主义提供新的基础——尽管"从左面批判"斯大林主义可能与他的目标更加一致。对此还要补充的是,法国共产党(和其他共产党)中的去斯大林化更多的只是说说而已,并没有实际行动,而且根本没有触动党的运行方式(所谓的"民主集中制")。

  这显然不是要通过附加评注的方式(就像他对待毛泽东的《矛盾论》一样)把阿尔都塞的意图归结为一些战术上的考虑,或归结为把赌注押在党的机器内部张力上的尝试。我更相信他想指出,面对任何控制和任何被强加的纪律,一个共产党人知识分子(其介入现实是无可厚非的)可以并且应该完全自由地把他随便在哪里发现的理论好处"占为己有"(何况他还同样引用过葛兰西,尽管是以更多带有批评的方式引用,同时又力求把后者从当时被利用的方式中剥离出来。因为葛兰西当时被用于为陶里亚蒂领导下的意大利共产党的路线辩护,而这条路线带有"极端赫鲁晓夫色彩",赞成一种更激进的去斯大林化运动)。但我同样认为,阿尔都塞不可能这么天真,会不知道在共产主义世界对理论权威的引用,总是起着对知识分子进行鉴别和分类的作用。想根据那些引用本身来避免"偏向"是靠不住的。无论如何,这些引用事后肯定使得阿尔都塞更容易与"亲华"立场接近,尽管这又带来了一些新的误会。[1]

———————

[1] 关于这篇序言,我和刘禾有过一次通信,她提到一个值得以后探索的问题。她说:"我在重新思考1964年阿尔都塞对人道主义的批判,联想到差不多同时在中国也曾发生类似的辩论,尤其是周扬的文学批评。阿尔都塞和周扬都把苏联作为靶子。那么我想问一下,阿尔都塞当时对周扬1963—1964年期间的文章有没有了解?他读过周扬吗?比如他能不能看到《北京周报》(*Pekin Information*)上的那些文章?法共和左翼知识分子当时有没有订阅那份刊物?如果没有的话,你们通过其他什么渠道能看到中国马列理论家在20世纪60年代所发表的文章?"我的回答是,阿尔都塞恐怕没听说过那场辩论,至少我本人不记得他提起过,而且这方面也没有翻译。刘禾在给我的信中还说:"无论是阿尔都塞还是周扬(他是文学批评家,曾当过文化部副部长),都在批评赫鲁晓夫的修正主义。因此毫不奇怪,两人对'人道主义'也有同样的批评,都称之为'小资产阶级意识形态'。我对这个问题很感兴趣,因为周扬

接近和误会出现在几年之后，出现在我们可以视为阿尔都塞与毛主义**第二次相遇**的时刻。但这次的相遇发生在全然不同的环境中，并且有着完全不同的目标。1966年12月，受到中国当局的鼓舞，一部分人从共产主义大学生联盟分裂出来，正式创建了"毛主义"组织马列共青联（UJCML），这个团体的许多领袖人物都是阿尔都塞的学生或门徒，尤其是罗贝尔·林阿尔，阿尔都塞一直与他保持着友好关系，后来还和他一道对许多主题进行了反思：从苏联突然转向极权政体的根源，到"工人调查"的战斗实践。这些个人的原因并不是孤立的。在当时西方一些最激进（或最反对由西方共产党实施的不太成功的"议会民主"战略）的共产党人知识分子身上，可以看到对中国"文化大革命"（1966年正式发动）的巨大兴趣。他们把这场革命阐释为或不如说想象为一场由青年工人和大学生发动的、受到反对自己党

曾出席继万隆会议之后亚非作家协会1958年在塔什干举办的第一次大会，在那次大会上，第三世界作家是以'人道主义'的名义谴责殖民主义和帝国主义的［我认为弗朗兹·法农的《全世界受苦的人》（*Les Damnés de la Terre*）也同属一个思想脉络］。你对'中共与苏共之间的政治分歧'这一语境中出现的'社会主义人道主义'的讨论，作了精彩的分析，这让我对万隆精神所体现的人道主义与社会主义人道主义之间的复杂纠缠，产生很大的兴趣。在我看来，这里的关键似乎是人道主义的地缘政治，而非'小资产阶级意识形态'的问题。我强调地缘政治的原因是，美国国务院曾经暗中让几个亚洲国家（巴基斯坦、菲律宾、日本等国）代表美国对万隆会议进行渗透，迫使周恩来对《世界人权宣言》中的一些人权条款作出让步。目前已经解密的美国国务院的档案提醒我们，恐怕还要同时关注冷战中在马克思主义的辩论之外的'人道主义'话语。"

内"资产阶级化"领导人和社会主义中"资本主义倾向"的毛泽东支持的激进民主化运动,目的是反对中国党和政府内的官僚主义。因此,阿尔都塞从毛主义运动伊始就对它持同情态度(虽然他肯定是反对分裂的),并且在某些时候,任由自己在法共的纪律(他总是希望对法共施加影响)和与毛主义青年的合作之间"玩两面手法"。恰好1967年发表了一篇《论文化大革命》的匿名文章("马列共青联"理论和政治机关刊物《马列主义手册》第14期,出版时间署的是1966年11—12月),人们很快就知道这篇文章实际上是阿尔都塞写的①。在这篇文章中,阿尔都塞虽然也援引了中国共产党解释"文化大革命"、为"文化大革命"辩护的声明,但他以自己重建的历史唯物主义为基础,给出了一种阐释。而早在《保卫马克思》和《阅读〈资本论〉》中,他就已经开始从社会形态各**层级**或**层面**的角度重建历史唯物主义了。"文化大革命"作为"群众的意识形态革命",是要对意识形态上层建筑进行革命,这正如夺取政权是解决政治上层建筑问题,改造生产关系是解决经济下层建筑问题一样。而这场发生在意识形态上层建筑中的革命,从长远来说,本身将成为其他两种革命成功的条件,因而作为阶级斗争的决定性环节,它恰好在意识形态中展开(构成意识形态的除了**观念**之外还有**姿态**和**风俗**——人们会在他后来对"意识形态国家机器"的定义

---

① 我们可以在电子期刊《错位:阿尔都塞研究》上找到这篇文章,那是2013年贴到该网站上的:http://scholar.oxy.edu/decalages/vol1/iss1/8/(参考阿尔都塞的《来日方长》,前引,第366页。——译注)

中发现这种观点)。①

这样玩两面手法,使阿尔都塞在政治上和情感上付出了极高的代价。因为其结果是,这两个阵营的发言人立即就以极其粗暴的方式揭露了他。所以我们要思考一下,是什么促使阿尔都塞冒这样的风险。除了我上面提到过的那些个人原因,还要考虑到这样一个事实,即他所凭借的是错误的信息,它们实际上来自宣传,而在中国发生的那些事件的真正细节他并不清楚。他从那些信息中看到"从左面批判斯大林主义"的一些要素,但其实这种批判可能并不存在,或者并不是"主要方面"。除此之外,我认为还有一种更一般的原因,植根于阿尔都塞最深刻的"共产主义"信念。国际共产主义运动的分裂在他看来是一场悲剧,不但削弱了"社会主义阵营",还削弱了反资本主义和反帝国主义的整体力量。但他认为,或者他希望这只是暂时的,因为要共同对抗帝国主义。他显然没想到,恰恰相反,这次正好是帝国主义和资本主义可以在社会主义国家之间"玩弄"意识形态和地缘政治的对抗把戏,好让它们服从自己的战略,为它们"改换阵营"铺平道路。我推想当时阿尔都塞还认为,一旦统一重新到来,"马克思主义哲学家"必将在那一天齐聚一堂,携手并进,复兴重铸马克思主义理论的

---

① 在简要介绍阿尔都塞与毛主义的"第二次相遇"时,我主要关注他与创建"马列共青联"的那些大学生之间的关系。那些人有很多是阿尔都塞的学生和朋友,在我看来这方面是主要的。我把另一个问题搁在了一边,要了解阿尔都塞后来在什么时候与夏尔·贝特兰(Charles Bettelheim)——贝特兰本人经常访问北京(他还炫耀过自己与周恩来的私人关系)并在国际共产主义运动的分裂中站在中国一边——建立了联系。无论如何,这最晚是在《阅读〈资本论〉》出版之后发生的事。《阅读〈资本论〉》产生了一个长期后果,决定了两"拨"研究者之间的合作,这一点可以从他们各自发表的部分中找到一些蛛丝马迹。

革命事业，在某种程度上像"正在消失的"中间人那样起作用（或"消失在自己的干预中"，像他 1968 年在《列宁和哲学》中所写的那样）。以上原因（当然只是从我这一方面提出的假设），说明了为什么阿尔都塞想要同时保持与两个阵营之间的友好关系，或不与任何人决裂（这显然是无法实现的目标，并注定会反过来对他自己不利）。

我并不想暗示阿尔都塞与"毛泽东思想"以及与西方毛主义运动之间关系的变迁，包含着他哲学思想和政治思想转移的"秘密"，尽管前者有助于解释那些内在的张力；我更不想暗示那些关系的变迁构成了中国读者今天对阿尔都塞思想及其历史感兴趣的主要原因。尽管如此，我还是想承担一切风险对它们进行总结，为的是一个超出趣闻轶事的理由：在当今世界，中国占据着一个完全是悖论性的位置……为了预见我们共同的未来，我们既需要理解它的真实历史，也需要理解之前它在国外被接受的形象（特别是研究"革命"和"阶级斗争"的哲学家和理论家所接受的形象），以便把两者区别开来，形成一些新概念，建立一些新形象。阿尔都塞著作在中国公众中的传播，以及对这些著作语境的尽可能准确的认识，是上述理解的一部分（哪怕是微小的部分）。

最后，我要再次感谢请我写这篇序言的朋友，并祝已经开始出版的这套著作集的所有未来读者阅读愉快，希望他们带着尽可能批判的态度和最具想象力的方式去阅读。

2015 年 3 月 22 日于巴黎

（吴子枫 译）

把我们所处时代的一切观念运用到遥远的时代去，这是产生无穷错误的根源。对这些想要把所有古代都现代化的人们，我就引埃及的祭司们对梭伦所说的话：哦，雅典人，你们还只是些孩子呢！
　　《论法的精神》，第三十章，第十四节①

孟德斯鸠让我们看到……
德·斯达尔夫人

　　法兰西失去了她的贵族头衔；孟德斯鸠给她找回来了。
伏尔泰

① 本书中《论法的精神》的引文,参考了张雁深译本(商务印书馆,上册,1961年/下册,1963年)和许明龙译本(商务印书馆,2009年),但为了在译法与风格上与全书统一,或在字句上紧扣原文,均由译者重新翻译。所有引文依据原书的做法,仅标出章节。——译注

前　言

Avant-propos

关于孟德斯鸠,我绝不奢望说出什么新东西。凡是看起来新的东西,都不过是对一些众所周知的文本的反思①,或对已经作出的反思的反思。

我只希望给人们在大理石像上见到的这个人物提供一副稍微生动一点儿的形象。我不怎么关心这位拉布莱德爵爷的内心生活,因为那太隐秘,以至于人们始终在争辩他有没有过信仰,是不是以德报德,也爱他的妻子,是不是过了三十五岁还有二十岁的激情。我也不怎么关心这位厌倦了高等法院生涯的高等法院庭长、这位一门心思经营地产的爵爷、这位专注于葡萄酒和卖葡萄酒的葡萄种植业者的日常生活。这些事情,别人都写过,也值得一读。我考虑的是另一种生活,时间的阴影,还有评论的光辉,已经把这种生活给掩盖了。

这种生活,首先是一个对法律和政治素材满怀激情、至死不渝的思想家的生活,他宁可让书本毁掉了视力,也迫不及待地要赢得这场为战胜死亡而全力以赴的、唯一的赛跑:他完成了的著作。但你也别搞错了:不是对他的对象的**好奇心**(*curiosité*),而是他的**智力**(*intelligence*),才是全部孟德斯鸠之所在。他只想去**理解**(*comprendre*)。我们对他现有的一些印象歪曲了这份努力和他的豪情。他埋头于浩瀚无涯的故纸堆,埋头于正史野史、类编杂集

---

① 注意 réflexion(反思/反射)一词的歧义。——译注

的巨大遗产,只是为了把握其中的逻辑,析取其中的因由。他想要捉住许多世纪纠结起来的这团乱麻的"头绪",捉住这头绪,任意抽绎,使整体(tout)随之出现。整体的确出现了。也有些时候,在这个由细枝末节汇成的大千世界里,他以为自己就像在无边的大海上迷失了方向。他希望这个大海有它的海岸,他想给大海以海岸,并且达到它。他的确达到了。他之前还没有人在这样的冒险中做到过这一点。想必这个人——他热爱航船,足以讨论船体设计、船桅高度和航速;他对早期航海兴趣盎然,足以追随迦太基人到非洲沿岸、追随西班牙人直至西印度——他和所有的海上冒险家是多么心有灵犀。当他突然发现自己置身于他的主题的广袤空间时,他乞灵于大海,这并非徒劳:他书中最后的语句,就是欢庆那终于靠近的海岸①。他的确是向着未知事物出发的。但对于这位航海士来说,未知事物也无非是一片新陆地而已。

这就是我们何以看到孟德斯鸠像一个有所**发现**的人那样深感快乐的原因。他明白这一点。他明白自己带来了新的观念,奉献了一部前无古人的著作;如果说他最后的话是对那片终于被征服的陆地的欢呼,那么他最初的话却在提醒我们,他是独自一人出发的,没有什么老师,没有思想之母②。他注意到自己必须要

---

① 见《论法的精神》,第三十一章,第三十四节:"意大利!意大利!⋯⋯"这是维吉尔《埃涅阿斯纪》叙述埃涅阿斯历尽艰辛到达意大利的诗句,孟德斯鸠用以表达他完成著作时的快乐心情。——译注

② 孟德斯鸠在《论法的精神》上卷扉页题词"Prolem sine matre creatam(无母而生的孩子)"。这个拉丁文短语出自奥维德《变形记》第二章,第553

说一种新的语言,因为他在讲述一些新的真理。甚至从他的语言表达方式里,我们都感受到一个使他所沿用的普通字眼崭露新意、焕发光彩的作者的自豪。在他简直是惊奇地目睹这一著作的诞生并为之振奋的那一刻,在他三十年为之努力工作的历程中,他都充分感受到自己的思想打开了一个**新世界**。我们对这个发现早已习以为常了。而当我们称颂它的伟大的时候,我们也不能不承认孟德斯鸠已经被固定在我们文化的必然性中了,就像天空中的一颗恒星,当我们把他纳入这片天空之后,也就很难想象他为了给我们展现这片天空所需要的大胆和激情。

但是我还考虑到另一种生活。考虑到太常被——我们理应归功于他的——那些发现本身所掩盖的东西。考虑到他的偏爱、他的嫌恶,简言之,考虑到孟德斯鸠在他那个时代的斗争中所持有的**党派之见**①。一种过于息事宁人的传统希望孟德斯鸠给这个世界投去的是一个没有利益或党派的人的目光。难道不是他自己说过,正是因为超脱于一切小集团之外,避开权力及其诱惑,由于奇迹般的相遇,得以自由不羁于一切,所以他才成为一个历史

行,"乌尔冈的无母之子"(杨周翰译文)。阿尔都塞在《来日方长》中谈到"我十分强调一个主题:最伟大的哲学家都是**天生没有父亲的**,他们生活在孤独中,在理论上与世隔绝,面对世界做着单枪匹马的冒险",并且专门提到在"我的小书《孟德斯鸠》"里,人们也可以发现这个主题(见《来日方长:阿尔都塞自传》,蔡鸿滨译,陈越校,上海人民出版社,2013年,第180页)——这里"没有思想之母"这句话显然也属于这个主题。——译注

① "parti pris"意思为"采取的立场""拿定的主张",通常译为"成见""偏见",但在本书语境中(尤其见第六章),有必要强调 parti 作为"党派"的意义,故译为"党派之见",后文简称为"党见"。——译注

学家的吗?不正是因为自由不羁于一切,所以他才能够理解一切的吗?让我们对他尽到任何一个历史学家应尽的职责吧:之所以相信他,不是根据他的言语,而是根据他的著作①。上述形象在我眼里,从来都是一个神话;但愿我能够证明这一点。不过在证明这一点的同时,我不希望有人认为,孟德斯鸠在他那个时代的政治斗争中所持有的热忱的党见,曾经把他的著作简化为对自身愿望的单纯的注脚。

在他之前有另一些人出发去了东方——却在西方为我们发现了西印度群岛。

---

① œuvre 一词可以译为"著作""工作""事业"等。这里用单数,指的是一个作者的全部著作,因此也就是他的工作或事业。——译注

第一章
方法的革命

Une révolution dans la méthode

有一条公认的真理,宣称孟德斯鸠是**政治科学的奠基人**。奥古斯特·孔德这么说,涂尔干又这么说,没有谁认真质疑过这个判断。但我们可能需要后退一点,才能把他和他的先人区别开来,才能搞清楚究竟是什么把他们区别了开来。

因为柏拉图早就断言,政治是一门科学的对象,而且我们有他的《理想国》《政治家篇》和《法篇》为证。一切古代思想所依赖的信念,并非一门政治的科学是可能的——这是一种批判的信念——而是只管去从事这门科学就够了。现代人自己重新提出了这个论点,正如我们在博丹、霍布斯、斯宾诺莎和格劳秀斯那里所看到的。没错,我们不能接受古代人的说法,并非因为他们奢望对政治加以反思,而是因为他们有一种错觉,以为自己已经在从事一门关于政治的**科学**了。因为他们关于科学所形成的观念是来自他们的认识。而由于这些认识,除了到欧几里得那里才获得统一的某些数学领域之外,都只是一些直接的观察,或者是他们投射在万物之上的哲学,所以,这些认识和我们的科学观念是毫不相干的,它们没有这方面的榜样。可现代人呢!博丹、马基雅维利、霍布斯或斯宾诺莎,那些已经获得了——以数学和物理学作为成功表率的——严格性的学科的同时代人,他们的心灵怎么可能对我们已经继承下来的那种科学认识的模型视而不见呢?

事实上,从16世纪开始,我们就可以看到两个方面从一种联合运动当中诞生和成长的过程:第一方面的数学物理学,以及第二方面——人们即将称之为**道德或政治物理学**——的要求,后者希望达到像前者那样的严格性。因为自然科学和人文科学(des sciences de l'homme)对立的时代还没有到来。最典型的形而上学家直接把这种政治的或历史的科学——它像是命运的意外事件与人类自由的决断的结合——打发给了上帝:莱布尼茨就是这样。但是人们交到上帝手中的东西,向来都是他们自己所不能掌握的——而莱布尼茨直接托付给上帝的,却是人类关于一门人文科学的观念。至于那些实证论者、道德家、法哲学家、政治家,甚至于斯宾诺莎,他们一刻也不曾怀疑可以把人类关系看成是物理关系。霍布斯在数学和社会科学之间只看到一点不同:前者使人团结,后者使人分裂。但这仅仅是因为在前者那里**真理与人们的利益不相对立**,而在后者那里,**每当理性与人唱反调时,人就与理性唱反调**。斯宾诺莎呢,他也希望人们怎样看待自然物,就怎样如出一辙地去看待人类关系。我们不妨读一读《政治论》的开头几页:斯宾诺莎指责那些纯哲学家,他们就像亚里士多德主义者对待自然那样,把出自他们的概念或理想的想象物投射到政治当中去了,于是他提出用真正的历史的科学来取代他们的梦想。那么,又怎么能说是孟德斯鸠开辟了我们发现早在他之前就已完全被指明的道路呢?

的确,虽然他好像是沿着这些已知的道路前进,却也并没有走向同样的**对象**。爱尔维修说孟德斯鸠具有蒙田的"气质(tour d'esprit)"。他具有同样的好奇心,得以反思的是同样的素材。与蒙田及其所有的门徒——那些从所有地点、所有时间搜寻例证和事实的采集者——一样,他得以反思的对象是**曾经生活过的所有人的全部历史**。而这个观念并不是他一时心血来潮的产物。事实上，我们完全应该想到在15、16世纪的转折点上震撼世界的双重革命。一场是其空间上的革命。一场是其结构上的革命。这是地理大发现的时代，是欧洲开始认识和开发东印度、西印度和非洲的大探索的时代。当时的旅行家带回了他们货箱中的香料和黄金，以及他们记忆里关于风俗制度的叙述，后者推翻了种种公认的真理。不过耸人听闻只能激起好奇心上的些许波澜，除非——就在这些派出船只去征服新陆地的国家的内部——还有另外的事件撼动了那些信念的基础。内战、被称为教改的宗教革命、宗教战争、国家传统结构的转变、庶民的上升、大人物的没落——这种种动荡的回声响彻那个时代的所有著作，给耸人听闻的海外奇谈的素材平添了真实而意味深长的事实所具备的、富于感染力的庄严色彩。以往不过是用于辑录的题材、满足博学者激情的异见奇闻，现在却成了反映当今焦虑状态的镜子，成了这个危机世界的幻想的回声。这就是支配着16世纪以来思想的那种**政治上的异国情调**（*exotisme politique*）的基础（就连已知的历史，希腊和罗马，也都变成了这**另一个世界**，当今世界在那里寻找着自身的形象）。

孟德斯鸠的对象正是如此。他谈到《论法的精神》时说："这部著作的对象是地球上所有民族的法、习惯法和各种习俗，可以说，它的课题无限广阔，因为其中包括了人间所能采纳的所有制度。"①正是这个对象，使他区别于在他之前所有那些想要让政治成为一门

---

① 《为〈论法的精神〉辩护》，第二部分：总的观念。

[本书中《为〈论法的精神〉辩护》的引文，参考了许明龙译本（《论法的精神》，商务印书馆，2009年，附录），但为了在译法与风格上与全书统一，均由译者重新翻译。所有引文依据原书的做法，仅标出章节。——译注]

科学的作者。因为在他之前的人从未有过这样的胆量,想要反思**世界上所有民族的所有习俗和法**。博絮埃的历史确实也想要成为普遍的:但它的全部普遍性就在于声称,《圣经》已经说出了一切,全部历史都在那里,就像橡树在橡子里。至于霍布斯、斯宾诺莎和格劳秀斯那样的理论家,与其说他们**建立**了一门科学,不如说他们**提出**了关于这门科学的观念。他们反思的不是具体事实的总体,而是某些事实(例如斯宾诺莎在《神学政治论》中对犹太人的国家及其意识形态的反思),或者是**社会一般**(la société en général),例如霍布斯在《论公民》和《利维坦》中、斯宾诺莎本人在《政治论》中的反思。他们没有建立一种关于现实历史的理论,而是建立了一种关于社会的本质论。他们没有解释某个特定的社会,或者某个具体的历史阶段,更谈不上社会和历史的整体了。他们分析社会的本质,为其提供一种理想的和抽象的模型。我们可以说:从他们的科学到孟德斯鸠的科学,就像从笛卡尔式的思辨物理学到牛顿式的实验物理学一样遥远。一个是在一些简单的本质或性质中,直抵关于所有可能的物理事实的**先天真理**,而另一个则是从事实出发,观察其变化,以便从中得出**法则**(lois)。这种对象的不同便引起了一场方法的革命。即便孟德斯鸠不是构想一种社会物理学观念的第一人,他也是想要赋予它新物理学精神的第一人;他不是从本质出发,而是从事实出发,从这些事实中得出它们的法则。

这样我们就明白了,是什么使孟德斯鸠和他之前的那些理论家相一致,又是什么使他和他们相区别。他和他们共有一项**同样的计划**:创建政治科学。但**他却有着不同的对象**,他打算建立的这门科学不是研究社会一般,而是研究历史上所有具体的社会。

因而**他有着不同的方法**,不为把握本质,但求发现法则。这种计划上的统一,以及对象和方法上的不同,使孟德斯鸠既成为赋予其前辈的**科学要求**以最严格形式的人,又成为他们的**抽象性**的最坚定的对手。

创制一门政治的和历史的科学,这项计划首要的前提是,政治和历史能够成为一门科学的对象,也就是说,它们包含了科学想要发现的某种**必然性**。于是,必须推翻那种怀疑论的观念,它认为人类的历史无非是其错误(erreurs)与彷徨(errance)的历史;它认为只有一个原则能够统一风俗方面令人惊骇和气馁的多样性——人的软弱;它认为只有一个理由(raison)能够说明那种无限的混乱——人的非理性(déraison)本身。必须这样说:"我首先研究了人;我相信,在法和风俗的这种无限多样性中,人不是单纯地跟随幻想走的"(《论法的精神》,序),而是跟随一种深刻的理由——这个理由即便不总是有理性的(raisonnable),至少也总是合理性的(rationnelle)——;跟随一种必然性,后者的统驭是如此严密,以至于不仅囊括了延续着的各种奇异的制度,甚至还囊括了在瞬间相遇中出现的那种可以导致一场战役胜败的偶然性本身①。由于这种合理性的必然性,一切帕斯卡尔式的护教论的诱惑——想要在人类的非理性中窥伺神的理性(raison)的恩准——连同作为其借口的怀疑论,以及一切求助于在人这里超出人自身的原则的办法(如宗教),或求助于给人规定目的的办法(如道德),统统被拒绝了。为了开始成为科学的东西,这种统治着历史

---

① 《论法的精神》,第十章,第十三节(波尔多瓦战役);《罗马盛衰原因论》,第十八章。

的必然性就必须停止向任何超验的历史秩序借用其理由(raison)。这就需要从科学的道路上清除那些来自**神学**和**道德**的奢望,因为它们想把自己的法则强加给科学。

这并不是要向**神学**阐述关于政治事实的真理。古老的争吵。不过我们今天很难想象教会的教谕对历史的压制。想要回顾神学与历史的冲突,以及冲突的激烈程度,去读一读博絮埃就足够了,看看他如何攻击斯宾诺莎,因为这个罪人勾勒了一部犹太民族和圣经的历史;或者攻击里夏尔·西蒙①,因为后者甚至在教会内部抱有同样的计划。这种冲突占据了整篇《为〈论法的精神〉辩护》。有人指责孟德斯鸠信奉无神论、自然神论,不提原罪,为多偶制辩护,等等;总之,他把法归结到纯属人类的原因。孟德斯鸠回答道:把神学引入历史,就会打乱秩序,混淆不同的科学,这是让这些科学停留在幼稚状态的最保险的办法。不,他的意图不是要充当神学家的角色;他不是神学家,而是法律家和政治家。至于政治科学的所有对象**也**可以具有一种宗教意义,而人们可以作为神学家对独身、多偶制和高利贷作出裁决,这些他都同意。但是所有这些事实也首先从属于一种与神学无关的秩序,一种有其固有原则的、自主的秩序。这样人们就可以让他清静点了。他没有阻止别人作为**神学家**作出判断。这样人们就可以作为交换,让与他作为**政治家**作出判断的权利了。人们也就不必到他的政治里去寻找神学了。到他的政治里寻找神学,就好比本堂神父在别

---

① 里夏尔·西蒙(Richard Simon,1638—1712),法国奥拉托利会神父,他把《圣经》作为一种文献来进行历史的、文本的分析,促成了现代圣经批评的诞生。——译注

人指给他看月亮的望远镜里,只看见村子教堂的钟楼。①

所以,宗教不能充当历史的科学。**道德**也不能。孟德斯鸠从一开始就极其谨慎地告诫我们,在他说**政治**的时候不要理解为**道德**。**德性**就是这样,"这不是什么道德的德性,也不是基督教的德性,而是政治的德性"(《论法的精神》,说明)。而如果说他曾经反反复复地回到这个说明上,那完全是因为他遭遇了最普遍的成见:"无论在世界上哪一个国家,道德都是需要的。"(《论法的精神》,说明)霍布斯和斯宾诺莎讲过同样的话:绝不是世间所有的应当(devoirs)②都能构成**认识**的开端;道德想要把人从他所是的样子变成他所不是的样子,所以从道德出发,人理所当然地要承认,那些统治着他的法是不道德的。所以,如果人们想深入了解那些法,他们就下定决心,把道德丢在一边吧。当孟德斯鸠试图去理解中国人和土耳其人的那些耸人听闻的习俗时,他们就曾用人类的德性和基督教的德性来反对他!"但这些都不是论述物理、政治与法学的著作应该讨论的问题。"③这里同样要区别不同的秩序:"一切政治上的恶行并不都是道德上的恶行,而……一切道德上的恶行也并不都是政治上的恶行。"(《论法的精神》,第十

---

① 《为〈论法的精神〉辩护》,第一部分,二:对第九条异议的答辩。

[原文是:"批评者已经指责作者不提原罪,现在又说起另一件事,就是作者也不提圣恩。与这种人打交道真是可悲的事……这就像村子里的本堂神父的故事,天文学家指给他看望远镜里的月亮,可他却只看见教堂的钟楼。"——译注]

② 这里取其作为动词"应当"的意思,而非作为名词"职责"来理解。见下文,尤其是第二章的讨论。——译注

③ 《为〈论法的精神〉辩护》,第二部分:气候。

九章,第十一节)每一种秩序都有其法则,它只想要属于自己的法则。他对神学家与道德家的回答是,他只想**从人类角度**谈论事物的人类秩序,从政治角度谈论政治秩序。他在这里保卫了自己最深刻的信念:政治的科学,向来只能建立在其特有对象的基础上,建立在政治本身的根本自主性的基础上。

但原因还是没有搞清楚。因为只把各门科学及其秩序区别开来是不够的——在生活中,这些秩序是相互重叠的。真宗教,真道德,就算它们作为解释的原则可以被排除在政治秩序之外,也仍然由于它们所唤起的行为或顾虑,而从属于这个秩序!正是在这里,冲突变得尖锐起来。因为人们的确可以让道德的归道德,并且仅仅作为纯粹的政治家作出判断。只要他们写的是日本人恐怖的道德,或土耳其人可怕的宗教,这些都不成问题。所有的神学家都会听其自便。可万一人们遇到了真道德!还有真宗教!他们是否也能够"从人类角度"把这些当作纯属人类的事情来看待呢?人们是否能够——像他们对待异教徒那样——表明,**基督教的**宗教和道德也可以用政治体制、两种纬度、过于严酷的天气、商人或渔民的风俗来解释呢?人们是否能够任由这样的言论刊行于世,即认为是由于气候的不同,才在欧洲南部保留了天主教,而在北部传播了新教呢?因此,人们是否能够认可一门**关于宗教与道德的政治社会学**呢?那么,邪恶的蔓延必然回到自己的源头,人们将会看到神学家怎样受到通常属于穆罕默德或中国人的命运的折磨。因为人们同意那些**伪**宗教只是人类的事情,可以委身于一门科学的世俗帝国的统治,但他们又如何预防这个帝国扩张到那些**真**宗教的地盘呢?所以才会出现这样的神学家,他事先就在这种过于从人类角度谈论伪宗教的理论中嗅出了异端的气味。而孟德斯鸠呢,也在一个——把他作为信徒的信念(或他别有用心的谨慎)和他作为科学家的要求区别开来的——极其狭窄的边缘地带上战斗和抗争。因为无可置疑的是,孟德斯鸠通过他的那些实例,几次三番地阐述了一种名副其实的**关于宗教与道德信仰的社会学理论**的完整论据。宗教与道德——关于这两者,他正当地否决了它们评判历史的权利——它们只是一定社会的内部要素,其形式和性质都受制于这些社会本身。同样的原则既可以解释一定的社会,也可以解释它的信仰。那么这些秩序还有什么区别可言呢?如果人们还要恪守这种区别,如果的确有必要这样做,那么,区别就贯穿于宗教与道德事物所属的秩序本身。不妨说,宗教既可以根据其人类的意义与作用来理解(这可以委身于社会学),也可以根据其宗教的意义来理解(这又脱离了社会学)。孟德斯鸠就是这样宁退勿进。

因此有人指控他信奉无神论,而他则勉强地招架。因为如果他在答辩上耗费精力,他就不可能在理由上充满力量。你想给他安上无神论的罪名吗?他全部的论据就是:一个无神论者是不会提出这个世界——它固守自身的进程,遵循自身的法则——是由**某种智能**所创造的。你断言他陷入了斯宾诺莎主义,陷入了自然宗教吗?他仅有的反驳就是:自然宗教不是无神论,况且我也不认可自然宗教。这一切退避腾挪之术,并不是都能骗过他的对手和朋友。况且他为宗教提供的最好的辩护,在《论法的精神》第二部分①里

---

① 《论法的精神》"全书论述宗教的共有两章"(《为〈论法的精神〉辩护》),即第二十四、二十五章,并无"第二部分"之类的体例,所以这里可能是一处笔误,应指《为〈论法的精神〉辩护》第二部分。——译注

对它的那一番公开颂扬,做得既像一个笃信者,又像一个犬儒主义者。看看他和培尔的论战吧(《论法的精神》,第二十四章,第二、六节)。培尔声称宗教有悖于社会(这就是关于无神论者的悖论①的意思)。孟德斯鸠则相反,认为宗教对于社会来说是必需的和有益的。但是,在这么说的时候,他并没有离开培尔的原则:宗教的社会功能,它的社会和政治功用。他全部的赞美不过是要表明,这个一心向往天国的基督教,也是非常适合于大地的。但所有的"政治家"都使用过这样的语言,马基雅维利就是始作俑者。在这种完全是"人类的"语言中,信仰得不到什么好处。所以要拉拢神学家,就得有完全不同的理由!

然而,作为任何政治科学先决条件的这两个原则——不应当用宗教或道德标准来评判历史;应当反过来,把宗教和道德放回历史事实的行列中,并且使它们从属于同一门科学——还没有从根本上把孟德斯鸠和他的前辈们区别开来。霍布斯与斯宾诺莎大抵也用了同样的语言,也和他一样,被说成是无神论者。孟德斯鸠的独特性恰恰在于,他作为这些理论家的继承者,却站在他们的对立面;而决定性的一点,就是反对被他们大多数人奉为教条的**自然权利理论**。

我们来搞清这一点。沃恩(Vaughan)在他关于政治理论的著作中,曾指出17、18世纪的所有政治理论家都是**社会契约**理论

---

① "培尔先生声称,他能证明,与其做一个偶像崇拜者,不如做一个无神论者,换句话说,信奉一种坏宗教,比什么教也不信更危险。"(《论法的精神》,第二十四章,第二节,"培尔先生的悖论")——译注

家,只有维柯和孟德斯鸠是例外。① 这个例外是什么意思呢？要确定它的意思,我们最好快速检视一下关于自然权利和社会契约的理论。

把那些自然权利哲学家联系在一起的,是他们提出了同样的难题:**什么是社会的起源？**并且为了解决这个难题,他们也用了同样的办法:**自然状态和社会契约**。提出这样一个**起源的难题**,并且思考人们——这些人的存在,甚至包括肉体的存在,总是要以最低限度的社会的存在为前提——如何能够从一种社会的**零状态**(état nul)过渡到有组织的社会关系,思考他们如何跨过这道原初的、根本性的门槛,在今天看来,可能是一件非常奇特的事。但这却是在那个时代的政治反思中占统治地位的难题,如果说它的形式是奇怪的,那么它的逻辑却是深刻的。为了说明社会的根本性的起源(我们想到莱布尼茨,他想要洞察"事物的根本性的起源"),就必须理解那些先于社会而存在的人:初生状态的人。霍布斯说那就像是笋瓜从地里面长出来的样子。卢梭则说那像是赤裸裸的。不仅没有一切技艺的手段,而且尤其没有一切人类的纽带。必须在一种叫作**社会的虚无**的状态中来把握他们。这种初生状态就是**自然状态**。作家们想当然地描绘了这种原初状态的不同面貌。霍布斯和斯宾诺莎从中看到的是战争状态支配一切,是弱肉强食。洛克声称那时的人们生活在和平中。卢梭则说那是一种绝对的孤独。自然状态的这些不同面貌,有时呈现了人们不得不脱离它的理由,有时又勾画出产生未来社会状态的动力,以及关于人类关系的理想。悖论在于,这种对任何社会都懵

---

① 沃恩,《政治哲学史》(*History of Political Philosophy*),第2卷,第253页以下。

懂无知的状态,却**事先就包含和勾画了一种有待创造的社会的理想**。这是被铭刻在起源中的历史的目的。霍布斯、斯宾诺莎和洛克所谓个人的"自由"就是如此。卢梭所谓人的平等和独立也是如此。但所有这些作家都共享着同一个概念和同一个难题:自然状态只不过是他们意欲描述其发生(genèse)的某种社会的起源。

正是**社会契约**确保了从社会的虚无到现存社会的过渡。在这里,想象一个社会的建立是某种普遍约定的后果,就好像有过什么约定不必以已经建立的(établie)社会为前提,看来可能同样是一件奇怪的事。但是必须接受这种难题性(problématique),因为它被认为是必要的;人们只须思考**这种契约意味着什么**,它并非一种简单的法律手段,而是表达了一些非常深刻的理由。说人类社会出自一项契约,其实就等于在宣布:任何社会制度的起源都是**人类的和人为的**。也就是说,社会既不是某种**神圣**制度的后果,也不是某种**自然**秩序的后果。这样首先就拒绝了关于社会秩序基础的旧观念,提出了一种新观念。可以看到契约理论暗示了哪些对手。不仅有那些谈论任何社会的神圣起源的理论家,他们可以为许多事业(causes)服务,但当时,他们往往是在为既定(établie)秩序的事业服务;尤其还有那些社会的"自然"(而非人为)特性的拥护者:他们认为人类关系在**自然**——其实这个自然只是**现存社会秩序**(ordre)的投射——中已经事先被设计好了,在自然中,人们已经事先被纳入了**那些阶层和等级**(des orders et des états)①。一言以蔽之,问题就在于社会契约理论在一般意义上推

---

① 这里复数形式的 ordres 指"阶层"或"等级",与 états(等级)一词同义,另外又与译为"秩序"的 ordre 相呼应。——译注

翻了**封建秩序的固有信念**,即对人类"自然的"不平等、对阶层和等级的必然性的信仰。它用一种**平等的**人们之间的契约,用一种出自人类技艺的作品,取代了封建理论家归因于"自然"、归因于人的**自然社会性**①的东西。**在当时**,普遍用于分辨不同倾向的一个足够可靠的指标,就是认为**关于自然社会性或社会性的本能的学说意味着一种有封建特点的理论,而社会契约学说则意味着一种有"资产阶级"特点的理论**,甚至当后者为绝对君主政体服务的时候也是如此(例如霍布斯的情况)。的确,认为人们通过缔结一项原初的公约——往往分为(市民的)联合公约和(政治的)统治公约两种——而成为自身社会的创造者,这个观念在当时是革命性的,它以纯理论的方式,构成了一个正在发生的世界的社会、政治冲突的回声。这个观念既是对旧秩序的抗议,同时也是新秩序的纲领。它剥夺了既定社会秩序以及当时讨论的一切政治难题求助于"自然"(至少是求助于那种不平等的"自然")的可能性,揭露了其中的骗局,并将它的作者们为之辩护的制度,包括正在与封建主进行斗争的绝对君主政体,奠定在**人类约定**的基础上。它就这样赋予人们以权力,去抛弃旧制度,建立新制度,必要时,还可以通过新的约定再次除旧布新。这种关于自然状态和社会契约的理论表面上好像是纯思辨的东西,但你却可以从中看到一种正在衰落的社会和政治秩序,而人们就把他们想要辩护或建设的新秩序奠定在那些精巧的原则的基础上。

但是,自然权利理论的这种**论战的和请愿的**特性正好可以解释**它的抽象和唯心主义**。我前面说过,这些理论家还停留在笛卡尔物

---

① la sociabilité naturelle,或译"天然的社会性"。——译注

理学的模型里,只知道**理想的本质**。的确,问题不仅仅在于物理学。那些想把孟德斯鸠跟笛卡尔——就像有人做过的那样①——或牛顿联系起来而对他加以评判的人,把他简化成了一副直接却又抽象的外表。这个物理学模型在这里只是一个认识论的模型:其真正的理由有一部分是外在于它本身的。如果说我谈及的这些理论家并不拥有孟德斯鸠的**对象**——去理解所有时间、所有地点的人类制度的无限多样性——那不仅仅是因为受笛卡尔科学模型影响的那种方法上的单纯失误,也是缘于某些别有一番意味的动机。他们的想法,并不是要去解释世界上所有民族的制度,而是要同既定不变的秩序作斗争,要为初生的或将要诞生的秩序申辩。他们并不想去**理解所有的事实**,而是要奠定一种新秩序的基础,**也就是说**,提出它,并为之申辩。这就是为什么我们若要在霍布斯和斯宾诺莎那里寻找一部关于罗马衰亡或封建法出现的真实历史的话,就会搞错的原因。他们不关心**事实**。卢梭坦率地说,必须从**撇开所有事实**开始②。他们只关心**权利**③,也就是说只关心**应当**是什么。事实对他们来说,只是行使这种权利所需的素材,就像是这种权利存在的单纯诱因和反映。但他们的这种方式,仍然属于一种完全可以说是**论战的和意识形态的**姿态。他们使得自己采取的立场成为历史理性本身。而他们当作科学提供出来的原则,也无非是在他们时代的斗争中被卷入的一些价

---

① 朗松,《形而上学与道德评论》,1896 年。

② 卢梭,《论不平等的起源》,导言。

③ 这里及下文把"权利"和"应当(是什么)"联系起来的地方,droit 译成"正当"更好理解。——译注

值——他们所**选定**的价值。

我并不是说,在这项宏伟的事业中一切都是徒劳的:我们可以指出它的后果,这些后果是重大的。但我们也可以看出,孟德斯鸠的意图使得他与这些视角相去何其遥远,而我们根据这段距离,就能更好地分辨出他的理由(raisons)。理由是两方面的,即政治的和方法论的,两者紧密地结合在一起。那我们就来反思一下任何社会契约在孟德斯鸠那里的不在场吧。**自然状态**的确是有的,对此,《论法的精神》第一章带我们做了匆匆的一瞥;但并没有什么社会契约。相反,孟德斯鸠在波斯人的第九十四封①信里写道:"我一向听人谈公法无不先仔细寻求社会的起源:我觉得这是很可笑的。如果人们不集合成任何社会,如果他们相互分离,相互逃避,那倒应当问一问是何道理,应当寻求他们分散的缘由。但人们一生下来都是相互结合的;儿子出生在他父亲身边,而且不愿离开父亲:这就是社会和社会的成因。"②说得够清楚了。起源的难题被判定为荒谬的。社会永远走在它自己的前面。唯一的难题——如果必须有一个难题的话,尽管人们从来也没有遇到过它——只能是为什么人们会没有社会。不存在任何契约。要想解释社会,只需要有一个人和他的儿子就够了。于是我们几乎不出意外地发现,在第一章对自然状态的匆匆回顾中,有一个第

---

① 原书误植为"第四十四封"。——译注
② 译文见孟德斯鸠,《波斯人信札》,罗大冈译,人民文学出版社,1958年,第161页。——译注

四条法则代替了不在场的契约:**社会性的本能**①。这是第一处指点迷津的标记,让我们判定孟德斯鸠是自然权利理论的对手,他的理由与某种**封建类型的党见**②有关。《论法的精神》的一整套政治理论都将增强这个信念。

但是,对自然权利理论的难题和概念的这种有意识的拒绝还指向了第二处标记,它不再是政治上的,而是**方法**上的。毫无疑问,这里显露出孟德斯鸠彻底的新颖性。抛弃这个关于自然权利和契约的理论,孟德斯鸠也就同时抛弃了**其难题性的各种哲学蕴涵**:首先是其做法上的**唯心主义**。他——至少在自己深思熟虑的意识中——反对根据权利来评判事实,反对以一种理想的发生过程(genèse)的名义,为人类社会提出一个**目的**。他只知道**事实**。如果说他不让自己**根据应当是什么**(ce qui doit être)来评判**是什么**(ce qui est),这是因为他的原则不是从他的"成见,而是从事物的性质"(《论法的精神》,序)中提取出来的。成见可以指这样的观念:认为宗教和道德能够评判历史。这种成见与某些空谈自然权利的理论家(doctrinaires du droit naturel)③在原则上是一致的。但成见也可以指这样的观念:认为政治理想的抽象性——甚至披上了科学原则的外衣——能够取代历史。在这里,孟德斯鸠和那些自然权利理论家无情地决裂了。卢梭在这一点上说得没错:"政

---

① 见《论法的精神》,第一章,第二节:"因此,他们有了一个相互结合的新动机;渴望过社会生活,这就是自然法的第四条。"——译注

② 参见第 5 页译注。——译注

③ 这里使用的 doctrinaire 指"空谈家""空头理论家"或教条主义者。——译注

治权利(droit politique)还有待于诞生……唯一有能力创建这门大而无用的科学的现代人,就是大名鼎鼎的孟德斯鸠。不过,他绝口不谈政治权利的原则;他只满足于谈论现有各种政体的人为法(droit positif)①;世上再没有什么东西比这两门学问更加不同的了。然而,任何一个人,只要他想按照各种政体实际存在的情况合理地评判它们,就不能不把这两门学问结合起来:正是为了要评判它们是什么,就必须知道它们应当是什么。"②

而这个孟德斯鸠呢,他恰恰拒绝了根据应当是什么来评判是什么,他只想给历史的真正必然性赋予其法则的形式,这个法则是他从事实的多样性和它们的变化中提取出来的。这个人的确是**独自一人**面对着他的任务。

---

① 这是卢梭的说法,而孟德斯鸠一般用 lois positives(复数形式)。或译"实在法""成文法"。注意 droit 一词,本书在别的地方均译作"权利",如 droit naturel 译作"自然权利",而 lois naturelles 则译作"自然法"。——译注

② 见《爱弥儿》,李平沤译,商务印书馆,1978年,第703-704页。译文有较大改动。——译注

第二章
法的新理论
Une nouvelle théorie de la loi

拒绝使政治事实的素材服从于宗教和道德原则,拒绝使它们服从于自然权利理论的抽象概念——后者无非是一些乔装改扮了的价值判断——这样就排除了成见,开辟了科学的康庄大道。这样就导致了孟德斯鸠那些伟大的理论革命。

最负盛名的理论革命包含在给**法**下定义的那两行文字里:"法……是由事物的性质产生出来的必然关系。"(《论法的精神》,第一章,第一节)《为〈论法的精神〉辩护》里的那位神学家,他可不像孟德斯鸠说的那么天真,在这一点上他并不相信自己的眼睛。"法,关系!这叫人如何理解?……不过,作者改变了法的通常定义,这不是没有意图的。"①他没看错。孟德斯鸠的意图,无论他自己是个什么说法,一定是想要在公认的定义中改变某些东西。

我们知道,法的概念有漫长的历史。它的现代词义(**科学法则**②的意义)只是到了16、17世纪,才在物理学家和哲学家的著作中出现。而且即便在那时,它也仍然带有以往时代的特点。在获得现象的可变量之间的恒定关系这个新的意义之前,也就是说,在与现代实验科学的实践发生关系之前,法一直从属于宗教、道德和政治的世界。在它的意义里,浸透了来自人类关系的要求。

---

① 《为〈论法的精神〉辩护》,第一部分,一,第一条异议。
② 在这个意义上的"法则(loi)"也可以译为"规律""定律"。——译注

因此,法必须以人类存在者或根据人的形象想象出来的存在者——哪怕他们超出了法的界限——为前提。法是**戒律**。因此它需要一个命令的意志和一些遵从的意志。它需要一个立法者与一些臣民①。因此,法具备了自觉的②人类行动的结构:它有一个**目的**,它指定一个目标,同时还要求人们达到这个目标。对于那些生活**在法之下**的臣民来说,它呈现出强制和理想两方面的歧义性。我们可以看到,正是这种意义和它引起的共振,在从圣奥古斯丁到圣托马斯的中世纪思想中,独占了统治地位。法只有一个结构,因而我们可以**在同一种意义上**谈论神为法、自然法和人为(人类)法。在所有这些情况中,我们遇到的是同一种戒律和目的的形式。神为法统治着一切法。上帝把命令③颁布给整个的自然界以及人类,并且在这样做的同时,也设定好了**它们的目的**。其他的法仅仅是这个原初戒律的回声,在整个宇宙、天使团、人类社会和自然界当中不断重复,渐次减弱。我们知道,那些颁布命令的人都有一种怪癖,就是喜欢别人重复他们的命令,至少在某些团体中是这样的。

认为自然可能具有一些不同于命令的法,这个观念费了很长时间才摆脱了上述遗产。我们可以在笛卡尔那里看到这一点,他仍然想把自己仅仅在物体中发现的法则——运动守恒、下落、碰撞——归之于上帝的旨令。有了斯宾诺莎,才有了对于第一重差

---

① sujets 这个词也有"主体"的意思。——译注

② "自觉的(consciente)"也可以译为"有意识的"。——译注

③ 注意 ordre 这个词在这里译作"命令",在其他地方则译作"秩序"。——译注

异的意识:"不过法这个字眼只是由于隐喻才被用于自然物",因为"人们通常只是用法来指戒律"。① 到了 17 世纪,这种长时间的努力终于为法的新意义赎回了一方净土:**自然**的领域、**物理**的领域。上帝的旨令仍然高高在上地保护着法的旧形式以顾全体面,但在它的掩蔽下,一种法的新形式却发展起来,从笛卡尔到牛顿,一点一点地取得了孟德斯鸠所描述的那种形式:存在于诸可变项之间的"一种确定不变的关系",正如"每一多样性,都是均一性;每一变化,都是不变"(《论法的精神》,第一章,第一节)。但那个使得物体坠落或相撞、使得行星在轨道上运行的东西,人们还想不来,怎么才能把它变成一种**普遍的模型**。法的旧意义,即由一位主人所宣布的命令与目的,还维持着它原有的地盘:神为法的领域、道德(或自然)法的领域、人类法的领域。我们甚至还可以注意到——这初看起来是悖论性的,但却自有其理由——前面曾经讨论过的那些自然权利理论家,他们给法的旧词义附加了各自概念的余额。无疑,他们也把"自然法"给"还俗"了,那个言说"自然法"或用他的旨令守护"自然法"的上帝,也和笛卡尔的上帝一样无用:充其量是个防盗的守夜人罢了。但是,他们从旧词义中保留了它的目的论结构,它——掩盖在**自然**的直接表象之下的——作为理想的特性。在他们看来,自然法既是一种**应当**(*devoir*),也是一种必然性。他们所有的请愿都在这种——仍然与新定义不相干的——法的定义中找到了庇护和支持。

---

① 斯宾诺莎,《神学政治论》,第四章。
[译文从所引法文译出。可参见《神学政治论》,温锡增译,商务印书馆,1963 年,第 66 页。——译注]

然而,在那两行文字里,孟德斯鸠完全是在提出,要将法这个字眼的旧词义从它仍然守护着的领域中驱逐出去。并且,要使存在者的整个范围,从上帝到石头,都接受法——关系这个现代定义的支配。"在这个意义上,一切存在者都有它们的法:神有其法;物质世界有其法;高于人类的智能者有其法;兽类有其法;人有其法。"(《论法的精神》,第一章,第一节)说得够清楚了。这一次再也没有那些保留的禁区了。可以想见这是何等耸人听闻的事。大概总有一个上帝在那里推动——如果不是在那里误导的话。他创造了世界。但他只是关系项之一。他是**本原理性**(raison primitive),但那些法对于他和所有存在者一视同仁:"法就是存在于他"(本原理性,也就是上帝)"和不同存在者之间的关系,以及这种种存在者彼此之间的关系。"(《论法的精神》,第一章,第一节)而且,如果我们再考虑到,这个设立了法的上帝本身,在创造诸存在者的同时,看到他自己的原初旨令也要服从于同一种性质的必然性,那么,这个上帝本身也就从内部遭受到法的普遍传染了!如果他制定了这些统治着世界的法,那么终究是因为它们和"他的睿智与力量存在着关系"。一旦和上帝了结了债务,剩下的一切都迎刃而解。降服对手的最好办法,就是把他拉到自己一边。他过去一直照管着那些旧的领域。现在那些领域都向着孟德斯鸠开放了,而首要的领域,便是人们在城邦中、在历史中存在的整个世界。孟德斯鸠终于可以把**他的法**强加给这些领域了。

必须正视导致这场理论革命的前提。其前提意味着,有可能把牛顿式的法则(loi)范畴运用于政治的和历史的素材。其前提意味着,有可能从人类制度本身提取所需要的东西,去思考它们在统一性中的多样性,在不变中的变化:它们多样化的法则,它们生成变异的法则。这样的法(loi)将不再是一种理想的秩序(ordre)①,而是一种内在于现象的关系②。它将不是在对本质的直观中被给予,而是要在摸索中,通过研究和比较,从不带先入之见的事实本身中得出。在发现它的时候,它将只是一种**假设**,而只有在被最为多样化的全部现象所证实之后,它才成其为原则:"我追随着我的对象而没有定型的计划;我不懂得什么是规则,什么是例外;我找到了真理,只是为了把它再丢掉:但是,当我一旦发现了我的原则的时候,我所寻找的东西便全都向我源源而来了。"(《论法的精神》,序)"我提出了一些原则,我看见了,个别情况本身都是服从于这些原则的,所有民族的历史都不过是由这些原则而来的结果……"(《论法的精神》,序)除了没有直接使用实验方法之外,这完全就是那种旨在寻求其对象的法则的经验科学的循环了。

但是,这场理论革命的前提同样意味着,不能把科学研究的对象(这里指的是人类社会的公民法与政治法)与这一研究本身的成果相混淆;不能玩弄**法**这个字眼。在这方面,危险的混淆来源于,孟德斯鸠要在所有认识对象当中根据事实得出它们的**法则**

---

① 注意 ordre 在前文也曾译作"命令",且意味着法本身"呈现出强制和理想两方面的歧义性"(见本书第30页)。——译注

② 孟德斯鸠的如下提法显然是牛顿学说引起的共鸣:作者,指他自己,"并不谈论原因,也不比较这些原因;但是他谈论后果,也比较了这些后果"(《为〈论法的精神〉辩护》第一部分,一,对第三条异议的答辩)。亦可参考对多偶制的如下看法:"当我们考虑其性质时,它并不是一个算术问题;当我们联系其后果时,它就可以是一个算术问题了。"(《为〈论法的精神〉辩护》,第二部分,关于多偶制)

(*lois*),但他在这里力图认识的,却是一种特殊的对象,即人类社会的各种人为**法**(*lois*)。而人们在公元前 5 世纪的希腊,或者在早期法兰克人的王国所发现的法,显然都不是前一种意义上的法:科学法则。它们是一些法律制度,而孟德斯鸠想要说明的,是关于它们如何归类或演变的(科学)法则。通过区分**法**和法的**精神**,他非常清楚地表明了这一点:"我讨论的不是法,而是法的精神……这个精神存在于法与各种事物可能具有的各种关系之中。"(《论法的精神》,第一章,第三节)因此,孟德斯鸠并没有把他的对象的法则(法的**精神**)与他的对象本身(**法**)混为一谈。我认为,如果想要避免某种误会,这个十分简单的区分就是必不可少的。同样在第一章里,在说明了宇宙间的一切存在者乃至上帝都要服从于法—关系之后,孟德斯鸠考虑到这些法—关系**在形态上的不同**。于是,他区分了那些统治着无生命的物质、并且从未遇到丝毫偏离的法,和那些制约着动物与人类的法。沿着存在的阶梯越是上升,法就越是失去它们的确定性,至少是失去对于它们的严格遵守。"智能的世界远远不像物理的世界那样容易统治。"(《论法的精神》,第一章,第一节)于是,对于其他存在者拥有**认识特权的**人,就会犯错误(erreur)和滥用激情。因此就会出现对法的偏离:"作为一个智能的存在者,他不断地违背上帝所制定的法,并且不断地更改自己所制定的法。"(《论法的精神》,第一章,第一节)更糟糕的是,就连他给自己制定的那些法,他也并不总是会遵守!然而,恰恰是这种在自身历史中爱犯错误的(errant)①存在者,成

---

① 名词 errance 在文中译作"彷徨"(见下文),常与 erreur(错误)对举或呼应,形容词 errant 则译为"爱犯错误的"。——译注

了孟德斯鸠研究的对象:这种存在者的行为并不总是会遵从那些为他制定的法;除此之外,这种存在者还可以拥有他自己制定的一些特殊的法——人为法,而他对人为法也一样谈不上敬重。

孟德斯鸠的这些反思可能就像是出自一个对人类弱点表达悲悯的道德家。但我更愿意相信,它们是出自一个在这里遭遇到了某种深刻的歧义性的理论家。事实上,关于法在形态上的这种区分,我们可以作出**两种不同的解释**,而它们在孟德斯鸠本人那里,表现为两种倾向。

在第一种解释中,我们可以说:只要坚持这个方法上的原则——那些能够从人类法中得出的、关于关系和变化的法则,是跟这些法本身不同的东西,那么,人们面对他们的法所表现出来的彷徨(errance)与偏离,也就完全不成其为问题了。因为社会学家不是物理学家,他要打交道的,不是遵从简单决定论、沿着单线运动、从不发生偏离的某个对象(物体)——而是一种类型非常特殊的对象:那些人们,他们甚至会偏离自己给自己制定的法。那么,关于人们和他们的法的关系,我们又能说些什么呢?——他们更改、规避或者违背这些法。但这一点儿都不会影响到这样一种观念:我们可以从他们不论是服从还是忤逆的行为当中,得出某种法则——他们遵循这个法则,但却**并不知道这一点**——我们可以从他们的错误本身当中,得出关于这种法则的真理。要想打消去发现人们行为的法则这个念头,就必须头脑简单到把人们给自己制定的法当成是统治着他们的那种必然性!事实上,他们的错误,他们情绪上的反常,他们对法的违背和更改,都无非是他们的**行为**的组成部分。只不过要从对法的违背或更改中得出一些法则来。而这正是孟德斯鸠在《论法的精神》中几乎每一节里所做的事情。翻开有关历史的某一章（罗马人的遗产继承，封建制早期的司法，等等）看看吧：你就可以明白，人类的彷徨和变化恰恰构成了它们全部讨论的对象。这样的态度以一种卓有成效的方法上的原则为前提，那就是：不要把人类行动的那些动机（motifs）当成它的动因（mobiles）；不要把人们自觉地给自己提出的目的和理由当成真正的、往往是不自觉的原因①——就是这些原因导致了他们的所作所为。因此，孟德斯鸠总是求助于人们所**无知**的那些原因：气候、土壤、风俗、一整套制度的内在逻辑，等等，而这正是为了解释人类法，解释使人们的行为既摆脱"本原的"法（也就是关于道德的自然法）、又摆脱**人为**法的那种偏离。一切都表明，如果孟德斯鸠不同时阐明法的精神中人类的坏脾气②，即关于这些法如何——根据同一种原则——被违背的法则，那么他也就不会想到要去阐明法的"精神"，也就是那众法之法。

这种解释使我们或许有可能给一个在孟德斯鸠那里不断出现的主题赋予一种更恰当的意义，这个主题看起来与法的那些"应当（devoirs）"有关。我们的确经常看到，孟德斯鸠在谈论人类法的时候，总是从现存的法转而求助于更好的法。这对他来说是一个奇怪的悖论，因为这个人一向拒绝用应当是什么来评判是什么——然而他却犯了自己所指责的毛病！例如，孟德斯鸠说（而这一点是和所有的法相抵触的，因为这些法恰恰缺乏他在书中所

---

① 这里"自觉地（consciemment）"和"不自觉的（inconscientes）"也可以译为"有意识地"和"意识不到的"。——译注

② le mauvais esprit humain des lois，该短语的主干仍是 esprit des lois（法的精神），而 le mauvais esprit 又有"坏脾气"的意思。——译注

描述的那种理性）："一般而言，法就是人类的理性，因为它统治着地球上所有的民族。"（《论法的精神》，第一章，第三节①）他还说：这些法**应当**适合于民族；它们**应当**适合于政体的性质和原则；它们**应当**顾及国家的物质条件；等等。② 你可以没完没了地把这种种**应当**列举下去。就在你满以为自己——通过他对其性质和原则的定义——已经把握了一种政体的本质时，你却惊讶地读到："这意思并不是说，特定共和政体下的人都有德性；而是说，他们应当如此。……否则政体就不完美。"（《论法的精神》，第三章，第十一节）就是专制政体，为了"完美"——天晓得是哪一种完美——本身也有一些"应当"要去遵守！你可以对这些文本一言以蔽之：这是一个大谈理想的理论家，或者立法者，取代了一个科学家的位置。后者只想要事实；前两者却为自己设定了目的。但是在这里，误解又出现了，部分原因仍旧是有关两种**法**的文字游戏：一种是真正规定着人类行动的法则（科学家所研究的法则）；另一种是由人所规定的法。当孟德斯鸠为法提出那些"应当"的时候，涉及的只是人们给自己制定的法。而这个"应当"也无非是在呼吁，要求填补在不为人们所知却又统治着他们的法则和他们自己制定并且了解的法之间拉开的距离。它确乎是对立法者的呼吁，而目的则是为了让这个立法者——他了解公众意识（conscience commune）的幻象，批判这种盲目的意识——以科学家的澄明的意识为榜样，也就是说，以科学为榜样，尽可能使他给人们制定的那些自觉的法与统治着人们的那些不自觉的法则相符

---

① 原文为"第一节"，系误植。——译注
② 亦见《论法的精神》，第一章，第三节。——译注

合①。因此,这并不是一种抽象的理想,一项无止境的任务:由于人们的无能和爱犯错误,所以要去影响他们。这是要**用获得的科学知识纠正爱犯错误的意识**,用科学的意识纠正不自觉的意识(la conscience inconsciente)。因此,这是要通过纠正政治实践的错误和不自觉,把科学的获得转变为政治实践本身。

这就是第一种可能作出的解释,它说明了孟德斯鸠例子中的绝大多数。如此看来,孟德斯鸠的确是整个现代政治科学的自觉的先驱;这门科学作为科学,只能是批判的;它之所以从人们给自己制定的那些表面的法中得出关于人类行为的真正的法则,只是为了批判那些表面的法,修正它们,从而把我们在认识历史过程中所获得的成果归还给历史。科学的这种从历史那里的后退,以及这种向着历史的自觉回归,当然可以贻人口实——如果有人把科学的对象当成了科学②——从而被指责为**政治理想主义**③(参看彭加勒的说法:科学用直陈式;行动用命令式)!但是,只要看到现存状态与其改造方案之间这种据说是**理想化**的距离,在这种情况下,其实只是**科学从它的对象**和它的公众意识**那里的后退**,就足以打消所有这类指责了。在科学向它的对象提出的这种表面的**理想**中,它只是把自己从对象那里得到的东西——它自己的

---

① 这里及下面"自觉的(conscientes)"和"不自觉的(inconscientes)"以及"不自觉"(inconscience),也可以译为"有意识的"和"无意识的"("意识不到的")及"无意识"。——译注

② 这里指的是混淆了"法"和"法则"(或"法的精神")。参见前文。——译注

③ idéalism politique,或译"政治唯心主义"。——译注

后退,也就是认识本身——还给了对象。

但我不得不说,关于我评论的这段文本,还有可能作出**另一种解释**,这一点可以在孟德斯鸠本人那里找到证据。因为他就是像下文这样,把人类法引入了一般的法①的大合唱:"特殊的智能存在者可以有他们自己制定的法;但也有一些并非他们制定的法。在智能存在者出现之前,他们就有了存在的可能;因此他们就有了可能的关系,所以也就有了可能的法。在有法被制定之前,就有了可能的正义的关系。如果说除了人为法所命令或禁止的东西而外,就无所谓正义不正义的话,那就等于说,在人们还没有画出圆之前,所有半径都是长短不等的。因此必须承认,各种公正的关系均存在于人为法确立它们之前。"(《论法的精神》,第一章,第一节)而这些"本原的"法被归之于上帝。这些法出自一种永远事先存在的正义,不依赖于任何具体的历史条件,它们在这里指向了法的旧类型:法—戒律,法—应当(loi-devoir)。至于它们是所谓的神为法,为宗教神职人员所行使;还是自然法或道德法,为父亲和老师的教育、或为那种自然的声音(孟德斯鸠早在卢梭之前就称之为"一切声音中最甜蜜美妙的"②)所行使;还是政治法——这些都没什么关系。这已经不是受到具体存在条件制约的人类法或人为法(科学家就应当从这些法中得出**那个法则**)。这是由自然或上帝——两者完全是一回事——为人类确立的一种应当(devoir)。而这个特性理所当然地意味着不同秩序(ordres)的混淆:科学法则就在法—命令(loi-ordre)的背后消失

---

① 《论法的精神》第一章即为"一般的法"。——译注
② 语出《论法的精神》,第二十六章,第四节。——译注

了。在第一章第一节的结尾,我们不期然间非常清楚地发现了这种诱惑。曾经有利于第一种解释的文本①,现在转向了一个全新的意义。发生的这一切,就好像是人类的彷徨、人类行为的这一不可分割的方面,从今往后不再是科学的对象,而是可以对法——也就是那些应当——的存在加以辩护的深刻的理由。设想一下物体之所以没有(人为)法,是因为它们没有那种违法的精神,也是件有趣的事!因为人们之所以有这样的法,与其说是缘自他们的不完美(谁会不舍得用世间所有的石头来换取一个人?),还不如说是由于他们具有不服从的能力。这个人,"他应该自己管好自己的事;但他是一个有局限的存在者;他和一切有限的智能者一样,不能免于无知和错误;连自己所具有的微薄的认识,他也会失掉。作为有感觉的创造物,他会受到千百种激情的支配。这样的一个存在者,能够随时把他的造物主忘掉:上帝就通过宗教的法让他记起上帝来。这样的一个存在者,能够随时忘掉他自己是谁;哲学家们就通过道德的法提醒了他;他生来就是要过社会生活的,但是他在社会里却能够把其他的人忘掉:立法者就通过政治法和公民法让他们尽自己的职责(devoirs)②"(《论法的精神》,第一章,第一节)。这一次,我们的确是被甩到后面了。这些法是命令。它们是一些抗拒遗忘的法,一些**唤起回忆的**

---

① 即前文(本书第 34 页)所引的"作为一个智能的存在者,他不断地违背上帝所制定的法,并且不断地更改自己所制定的法",而后面紧接着的,就是下面的引文。——译注

② 注意这里的 devoir 在前文译为"应当"。——译注

法,使人重拾他的记忆,也就是他的职责(devoir)①,使人服从他无论愿意与否都应当追求的目的,只要他想完成自己作为人的命运。这些法所关注的,不再是人和他的存在条件(conditions)之间的现存关系,而是**人性**(*nature humaine*)。这些法的"应当是(devoir-être)"的边界,不再像前面说的那样,意味着在人类的不自觉和他制定的法的自觉之间拉开的距离②,而是意味着**人的境遇**(*condition humaine*)。人性,人的境遇,我们就这样完全被甩回到我们自认为已经与之决裂了的那个世界。在那个世界里,只有被确定于天国的价值,才能吸引人们的目光。

在这里,孟德斯鸠乖巧地回到了最乏味的传统。存在一些永恒的价值。读读第一章第一节关于这方面的陈述吧:要守法;对施恩者要有感谢之心;要遵从造物主;做坏事要受惩罚。——一份独特的清单!你还可以用第二份——第一章第二节——来加以补充,从而懂得:"自然"给了我们有关一个造物主的观念,并把我们引向他;它要让我们和平地生活;让我们吃饭;让我们倾慕异性,并渴望过社会生活。其余点点滴滴的沉思分散在后面更远的文本里:父亲应当养育子女,但不一定留给他们遗产;儿子要赡养父亲,如果后者潦倒街头;女人在家庭中应当向男人让步;尤其是那些与羞耻心有关的行为,对人类命定的目的来说是头等重要的事(无论这指的是女人在婚姻关系中的大部分行为,还是两性因讨厌的相遇而结合);专制政体、酷刑总是有悖于人性的,奴隶制

---

① 这里尤其可以同时理解为"应当"。——译注
② 这里的"不自觉(inconscience)"和"自觉(conscience)"也可以译为"无意识"和"意识"。——译注

则经常是这样。总之,有几条自由主义的请愿,其他是政治性的,然后是大量的、为那些根深蒂固的习惯法辩护的老生常谈。而与其他不再羞羞答答、更加果敢天真的理论家已经或将要纳入"人性"的那些普遍①属性——自由、平等,甚至博爱——稍稍类似的东西,却一点也没有。我们的确是到了另一个世界。

我认为孟德斯鸠的这一方面并非无足轻重。因为它不仅仅表示在整体的严格要求中作出一种孤立的**让步**,为了获得清静而向世人的成见支付的代价。**孟德斯鸠需要这种帮助和庇护**。就像他需要在法的概念上的歧义性,用以抵抗那些穷凶极恶的对手一样。还是让我们再读一读他对那位如临大敌的神学家的回答吧。那些本身先于它们自己而存在的法,那些在无论是谁——上帝或人——画出世间的圆之前就已经永远相等的半径,那些在一切可能的人为法之前就存在的各种公正的关系,都被他当作论据,用来反对霍布斯的危害:"作者的意图是要抨击霍布斯的体系:一种可怕的体系,它使得一切邪恶和一切德性都取决于人们给自己制定的法的确立……像斯宾诺莎一样,推翻了一切道德和一切宗教。"②道德和宗教可以有。神学家对此感到满意。但这关系到一项完全不同的事业(cause)。不再是那些支配着道德与宗教的法,而是统治着**政治**的法,在孟德斯鸠本人看来,才是决定性的法。正是这些法的基础,在霍布斯那里,由于契约而成为问题所在。于是,孟德斯鸠的这些永恒的法,先于一切人类法而存在

---

① 原文为 généreux("慷慨大度的"),意思不通,疑为 généraux("普遍的")误植。——译注

② 《为〈论法的精神〉辩护》,第一部分,一,对于第一条异议的答辩。

的法,的确是一个庇护所,可以保护他不受对手的攻击。既然存在着众法之前的法,那么就意味着**不再有契约了**,也就无所谓这个独一无二的契约观念让人们和政体陷入的政治上的危害了。在出自一个没有平等主义结构的自然的、永恒的法的掩护下,他可以站得老远和对手作战。他在这个叫作**自然**的战场上等着对手,但这是他在对手之前已经选择好的战场,并且配备了合适的武器。一切安排就绪,只为捍卫一项与自然本身不同的事业:它属于一个摇摇欲坠的世界,而他想要把这个世界重新安放在其基础上。

像这样用一些观念来为旧的事业服务,而其中最有力的观念却是全新的——这对于孟德斯鸠来说,当然没有任何悖论可言。但现在应该做的,还是让我们跟他一起,进入他那些最广为人知的、同时也是最隐秘的思想。

第三章

历史的辩证法

La dialectique de l'histoire

到此为止，我们所谈论的一切，都只是关于孟德斯鸠的方法，还有这一方法的前提和意义。这种被运用在它的对象上面的方法无疑是新颖的。但是一种方法，哪怕是新方法，**如果不生产出任何新东西来**，那也可能是徒劳的。那么，孟德斯鸠的积极的发现到底是什么呢？

"我首先研究了人；我相信，在法和风俗的这种无限多样性中，人不是单纯地跟随幻想走的。我提出了一些原则，我看见了，个别情况本身都是服从于这些原则的，所有民族的历史都不过是由这些原则而来的结果；每一个个别的法都和另一个法联系着，或是依赖于一个更一般的法。"这就是孟德斯鸠的发现：不在于细节的精妙，而在于使整个人类历史及**其所有细节**都能够被理解的普遍原则。"当我一旦发现了我的原则的时候，我所寻找的东西便全都向我源源而来了。"(《论法的精神》，序)

那么，像这样使历史变得可以理解的这些原则又是什么呢？这个问题的提出，引起了与《论法的精神》一书的**构成**直接相关的众多困难。孟德斯鸠的巨著——从我刚刚评论过的那些页码开始——其实并没有人们预期的那种谋篇布局。首先，从第二章到第十三章，我们在里面看到的是一种关于各种政体以及——既取决于政体的性质、又取决于政体的原则的——各种不同的法的理论；总之，是一种**类型学**，它显得很抽象，尽管充满了历史实例；它就好像是与其余部分相独立的一个整体，"一个不完整作品中的完整杰作"(J.-J.谢瓦利埃)。第十三章之后,我们会认为来到了另一个世界。我们以为关于政体的一切都已谈过了,它们的类型都已了解了,但这时,气候却出现了(第十四、十五、十六、十七章),然后是土壤的品质(第十八章),再然后是风俗(第十九章),以及贸易(第二十、二十一章)、货币(第二十二章)和人口(第二十三章),最后还有宗教(第二十四、二十五章),它们轮流出现,决定了法——而这些法的秘密我们还以为已经掌握了呢。然后,为了结束这种混乱局面,就有了关于历史的四章:一章讨论用于规定遗产继承的罗马法的沿革(第二十七章);三章阐述封建法的起源(第二十八、三十、三十一章);后者中间还插入一章,是关于"制定法的方式"(第二十九章)。那些原则声称要为历史提供秩序,那么它们无论如何也应该在这部阐述它们的论著中大显身手的吧。

那么究竟在哪里才能找到这些原则呢?《论法的精神》看起来由连续叠加的三个部分构成,仿佛那些观念突如其来,令人不忍错失。人们预期的那种完美的统一性又在哪里?是否应该在前十三章里寻找孟德斯鸠的"原则",从而把关于**政体形式的**一种**纯粹类型学**的观念、关于这些形式特有的动力学的描述、关于法在其性质和原则方面的演绎,都归功于它呢?好吧。但是这样一来,所有那些关于气候和诸多因素,还有关于历史的论述,尽管有趣,却都像是后来附加的东西了。或者相反,真正的原则是出现在**第二部分**吗?也就是出现在"法是由不同因素——要么是物质因素(气候、土壤、人口、经济),要么是道德因素(风俗、宗教)——所决定的"这个观念里吗?但是这样一来,又是什么隐秘的理由,可以把这些关于决定作用的原则跟最初的理想原则、以及最后的历史研究联系起来呢?如果你想要把这一切——诸类型的理想性,物质或道德环境的决定论,以及历史——统统塞进一个不可能达到的统一性里,你就会陷入无法解决的矛盾。你就会讲述一个在机械唯物主义与道德唯心主义、无时间性的结构与历史性的发生等等之间被撕裂了的孟德斯鸠。这等于说,尽管他作出了**一些**发现,但却只能通过他这本书中的混乱无序把这些发现联系起来——这种说法以与他对立的方式表明,他并没有作出他自以为有的**那个**发现。

我要努力与这种印象作斗争,并且在《论法的精神》的不同"真理"之间指出这样一根**链条**,把它们与(序言所说的)**其他的真理联系起来**①。

孟德斯鸠新原则的最初的表达,就出现在区分政体的**性质**和**原则**的那几行文字里。每一种政体(共和政体、君主政体、专制政体)都有**其性质**和**原则**。它的**性质**是"使它成为这个样子的东西",而它的**原则**是"使它开动起来"的激情(《论法的精神》,第三章,第一节)。

政体的**性质**意味着什么呢?政体的**性质**回答了这样的问题:**谁掌握权力?掌握权力的人如何行使权力?**故而,共和制政体的**性质**要求全体人民(或一部分人民)拥有主权。君主政体的**性质**要求独自一人执政,但依据的是固定的和既定的法。专制政体的**性质**要求独自一人执政,但既没有法也没有规则。权力的掌握和行使权力的方式——这一切都还是纯属法律的事情,总之,就是

---

① "在这里,有许多真理是只有在看到它们和其他的真理之间的联系时才能被觉察出来的。"(《论法的精神》,序)——译注

形式上的事情。

经由**原则**,我们走进了生活。因为一种政体并不是一个纯形式。它是某一人类社会具体存在的形式。为了使服从于某一特定类型政体的人们能够正当而长久地服从于它,单纯强加某种政治的形式(**性质**)是不够的,还需要人们对此形式有一种倾向,有一种能够维持此形式的、特定的作用和反作用的方式。孟德斯鸠说,需要有某种特殊的**激情**。出于必须,每一政体形式都需要一种特有的激情。共和政体需要德性,君主政体需要荣誉,专制政体需要恐惧。政体的原则是从政体形式中得出的,因为它是"自然而然地"①从其派生出来的。但这个推论与其说是其**后果**,还不如说是其**条件**。举共和政体的例子来说吧。共和政体特有的**原则**——德性——回答了这样的问题:**在何种条件下才能有这样一种政体,把权力给予人民,并使之依法行使权力**?——在公民都**有德性**的条件下,也就是说,能够献身于公益,并且在任何情况下都宁可为了祖国而放弃自己的激情。对于君主政体和专制政体来说也是一样的。如果说政体的**原则**是它的**动力,是使它开动起来的东西**,那是因为这个原则作为政体的生活②,无非就是政体存在的条件。共和政体只有靠德性才能运行——如果你的确可以

---

① 这里的 naturellement,也可以译为"在性质上",这样就和"政体的性质"联系起来了。——译注

② 本章和下一章论及"政体的原则"或"激情"时,vie("生活")一词的定语,既有"政体的""国家的""体制的",也有"公民的""人们的",在前一种情况下,也可以译为"生命"。——译注

原谅这个用词的话①——就像一些发动机要靠汽油。共和政体没有德性就会垮台,君主政体没有荣誉、专制政体没有恐惧也会如此。

人们指责孟德斯鸠是形式主义,因为他的方式是根据其**性质**来定义一种政体,这种方式的确集中体现在一些有关纯粹宪法学的言辞中。不过他们忘掉了,**政体的性质一旦同它的原则分离开来,它对于孟德斯鸠本人而言就是形式上的事情**。应该说,在一种政体里,没有原则的性质是不可想象的和不存在的。唯有**性质—原则的总体**才是可以想象的,因为它是现实的。这个总体也不再是形式上的事情了,因为它所指的并不是一种纯粹的法律形式,而是一种介入它自身的生活、介入它自身存在与绵延的条件的政治形式。尽管只用一个词来定义:德性、荣誉、恐惧,但这些条件是非常具体的。就像一般意义上的激情,那些激情可能看上去是抽象的,但作为**原则,它们政治化地表现了公民的全部现实生活**。公民的德性,便是他服从于公益的全部生活:这种在国家中占支配地位的激情,在一个人的身上,却是他被支配的全部激情。经由原则,人们具体的生活,公共的乃至私人的生活,进入到政体中。**原则因而产生于政体的性质(政治形式)和人们的现实生活的相遇**。所以正是**在这一点上,以这样的形象,人们的现实生活应当得到政治化的概括**,以便植入到某种政体的形式中。原则就是那种抽象物——即性质——的具体化。这就是它们的统一,这就是它们的作为现实的总体。哪里有什么形式主义?

人们将会认可这一点。而它对于把握孟德斯鸠的**发现**的整个范围而言,则是决定性的。**在这种关于政体性质与原则的总体**

---

① marcher("运行")一词的原意是"行走"。——译注

的观念中,孟德斯鸠实际上提出了一种新的理论范畴,为他解开无数谜团提供了钥匙。在他之前的政治理论家当然都试图解释某个特定政体中法的纷繁多样性。但是,当他们往往并不满足于对各种要素作**毫无内在统一性**的简单描述时,他们充其量只是在勾勒某种关于政体**性质**的逻辑。绝大部分的法,诸如那些规定着教育、土地分割、财产多寡、司法技术、刑罚与奖赏、奢侈、妇女地位、战争行为等等的法(《论法的精神》,第四至七章),仍然是被排斥在这个逻辑之外的,因为他们并不理解其**必然性**。孟德斯鸠在这里最终了结了古老的争辩,**因为他在事实中发现和验证了这样的假设,即国家是一个现实的总体,其立法、制度和习惯法的所有细节,只是其内在统一性的必然后果和表现**。这些法看上去是偶然的、没有理由的,但他却让它们服从于一种深刻的逻辑,把它们联系到一个单一的中心。我并不是说孟德斯鸠是想到国家应当自成一个**总体**的第一人。这种观念早已纠缠着柏拉图的反思,而我们在自然权利理论家的思想中,无论如何可以在霍布斯那里,又发现了它的作用。但在孟德斯鸠之前,这种观念(idée)只是涉及一个**理想的**(idéal)国家①的构成,而不会降低身段,用于理解**具体的**历史。由于孟德斯鸠,这种总体,原本是一种观念,现在变成了科学的**假设**,被用来**解释种种事实**。它变成了一个基本的范畴,使他有可能不再去思考一个理想的国家的现实性,而是思考

---

① 原文为 un état idéal。état 作"国家"解时,首字母应大写,否则就是"状态"的意思,所以这里本来可以译为"一种理想的状态"。但考虑到下文紧接着出现了 un État idéal("一个理想的国家")的说法,故此处疑为误植。——译注

人类历史上各种制度的具体的、直到当时还难以理解的多样性。历史不再是那样一个无限的空间,在那里混乱无序地散落着无数异想天开、偶然得之的作品,因为没有理解的勇气,人们从中得出的结论只能是人的渺小和上帝的伟大。这个空间有一种结构。**它拥有一些具体的中心,即国家:由各种事实和制度构成的一整段局部的视野都与这些中心相关联。这些总体就像活生生的个体一样,在其核心,有一种内在的理性、内部的统一、本源的中心:性质与原则的统一**。黑格尔在他的历史哲学中赋予了总体范畴以一种非凡的意义,当他为这个发现向孟德斯鸠的天才表达谢意时,他当然明白谁是自己的老师。

然而在这里,形式主义仍然在等着我们呢。因为人们会同意这个总体范畴建立了《论法的精神》前几章的统一性。但他们又会说,它的作用仅限于此,并且带有这前几章缺陷的印记:它涉及的只是一些**纯粹的模型**———一种真正共和制的共和政体、一种真正君主制的君主政体、一种真正专制的专制政体。"对这一切的反思"①,孟德斯鸠写道(《论法的精神》,第三章,第十一节):"三种政体的原则就是这样:这意思并不是说,特定共和政体下的人都有德性;而是说,他们应当如此。这也不是要证明,特定君主政体下的人都有荣誉,而在个别专制国家的人也都心怀恐惧;而是说他们都应该是这样,否则政体就不完美。"这岂不是表明,他把**一种仅仅对于纯粹模型和完美政治形式才有意义的观念当成一种适用于一切现存政体的范畴了吗**?这岂不是又回到一种本质

---

① "对这一切的反思"是《论法的精神》第三章第十一节的标题。——译注

论、一种恰恰须要避免的理想癖中去了吗？而他**身为历史学家**，不是必须要解释某一**特定的**共和政体、**特定的**君主政体——它们必然是不完美的——而不是去解释什么**纯粹的**共和政体和君主政体吗？如果总体只是对于纯粹状态才有价值，那么在作为非纯粹状态本身的历史中，总体又有何用？或者——这是同样的疑难——怎样才能运用一种在本质上属于纯粹无时间性模型的范畴来思考历史呢？我们看到，《论法的精神》中不调和的困难又在这里出现了：怎样才能把开头和结尾、把纯粹类型学和历史统一起来呢？

我认为我们应该当心，不要根据只言片语来评判孟德斯鸠，而是要像他预先提醒我们的那样，把握其著作的全部，不要把他此处所说的和彼处的割裂开来。事实上，特别值得注意的是，这个讨论纯粹模型的理论家在他的著作中，除了**不纯粹的**实例之外，从未（或极少）给出别的什么东西。甚至在罗马史里——对他来说，这才真是最完美的经验对象，堪称历史实验中的"单质"①——理想的纯粹状态也只出现在开端的片刻；余下的所有时间，罗马都处在不纯粹的政治状态中。如果孟德斯鸠连这样的矛盾都察觉不到，那就太难以置信了。情况也许是，他并不认为这违背了自己的**原则**，而是给这些原则赋予了一种——与它们原先获得的相比——更为深刻的意义。因为我相信**总体**范畴（以及作为其核心的**性质—原则**的统一）的确是一个普遍的范畴，它所针对的并非只有那些完美的相符关系：共和政体—品德，君主政体—荣誉，专制政体—恐惧。显然，孟德斯鸠认为，**在任何国家**

---

① "corps pur"，化学上指由同种元素组成的纯净物。——译注

中,无论它是纯粹的还是不纯粹的,这个总体及其统一的法则(lois)都是**支配一切的**。如果国家是纯粹的,这种统一就是**完全相符的统一**,而如果它是不纯粹的,那么这种统一就是**矛盾的统一**。孟德斯鸠举出的所有不纯粹的历史实例——它们占到绝大多数——都是这种矛盾统一的实例。因此,罗马,当它最初的时代过后,最初的伟大征服完成,便生活在一个将失去、失去、继而已失去它的原则——德性——的共和政体的国家中。说当时性质—原则的统一始终保存了下来,只是变成了矛盾的统一,这无非是表明,**正是在政体的政治形式和当时为这种形式提供内容的激情这两者之间现存的关系,支配着这个国家的命运**、它的生活、它的保存、它的未来,因而也就是它的历史本质。如果这种关系是**非矛盾的**,也就是说,如果共和制的形式在其统治的人们身上找到了德性,共和政体就会保存下来。但如果那种共和制的形式无非是强加到人们头上,而那些人已经放弃了一切德性,陷于一己之私的利益和激情之类的东西而不可自拔,那么,这种关系就会是矛盾的。但正是这种**关系中的矛盾,因而也就是现存的矛盾关系**,决定着一个共和政体将要灭亡的命运。这一切都可以从孟德斯鸠的历史研究中、尤其从《罗马盛衰原因论》中总结出来,同时也明确地出现在《论法的精神》第八章①,这一部分讨论了各种政体的腐化。像孟德斯鸠所做的那样,说一种失去了它的原则的政体就是一个失去的政体,这很清楚地意味着,性质—原则的统一即便在**不纯粹**的情况下也是支配一切的。如果它不在这里支配着一切,我们就无法理解这种被破坏的统一如何能够破坏它的政体。

---

① 原文误作"第八节",实指第八章"三种政体原则的腐化"。——译注

因此，怀疑孟德斯鸠是否具有历史感，或者他的类型学是否使他背离了历史理论，或者他是否在用一种使他违背自己原则的心不在焉的方式写作那些历史著作——这都是奇怪的谬论。这种谬论大概首先缘于一点，就是孟德斯鸠没有参与到当时已经广泛传播、并且很快就要占据统治地位的那种意识形态当中来，没有参与到那种认为**历史有一个目的**——谋求理性、自由和"启蒙"①支配一切——的信仰当中来。**孟德斯鸠大概是马克思之前试图思考历史却没有为它提供目的的第一人**，也就是说，他没有把人们的意识和希望投射到历史的时间上。因此，上述指责完全变成了给他增光添彩的事情。他是**为普遍地解释历史提出一种实证原则的第一人**；这种原则不只是**静态的**：作为总体，以说明既定政体的法（lois）和制度的多样性；它也是**动态的**：作为性质和原则相统一的法则（loi），这个法则使我们还能够思考各种制度在现实历史中的生成和转变。这样一来，在那些变幻无常、不可胜数的法的深邃之处，就发现了把政体的性质与原则统一起来的**恒定关系**；而在这种恒定关系的核心，也就阐明了使统一从相符转变到不相符，从同一转变到矛盾的那种关系的内在变化，这种变化使历史的具体总体中的改变与革命得以理解。

但孟德斯鸠也是对那个关于**历史原动力**②的难题作出回答的

---

① "lumières"，"光"的复数形式，指知识或智慧，首字母大写时，专指"启蒙运动"。——译注

② "moteur de l'histoire"，在马克思主义语境里通常译为"历史的火车头"，例如马克思在《1848年至1850年法兰西阶级斗争》所说的"革命是历史的火车头"。——译注

第一人——后者已经成为一个经典难题了。再来看那个关于历史生成变异的法则。一切都由性质与原则之间、在两者统一内部现存的**关系**所支配。如果这两个项是一致的(共和制的罗马和有德性的罗马人),国家的总体就是和平的,人们生活在没有危机的历史中。如果这两个项是矛盾的(共和制的罗马和不再有德性的罗马人),危机就爆发了。那时原则就不再是政体的性质所**需要**的东西了。由此出现一系列连锁反应:政体的形式会盲目地试图减小这种矛盾,它会发生改变,它的改变会把原则也卷入这个进程,直到——在环境帮助下——一种新的一致出现(专制—帝国的罗马和生活在恐惧中的罗马人),或是一场灾变终结了这番气喘吁吁的角逐(蛮族的征服)。我们清楚地看到这个过程的辩证法:它的极端时刻,要么是两个对应项的和平,要么它们的冲突;在它们的冲突中,我们清楚地看到两个项的相互作用,其中一个发生的任何变化,怎样不可避免地引起另一个的变化。因此我们看到**在国家的运动着的而又无所不包的总体中,性质与原则的绝对相互依存**。但我们并没有看到最初的改变来自哪里,最后的又在何方——我指的不是**时间**的顺序,而是**原因**的顺序。我们并没有看到在其总体的命运中联系在一起的这两个项,**哪一个是占优势地位的项**。

卡西尔在他的著作《启蒙哲学》中,盛赞孟德斯鸠由此而奠定了一种非常现代的、"理解的(compréhensive)"历史理论的基础①,

---

① "……事实本身不再是孟德斯鸠的研究向导,而只是他用以达到对他所探求的东西的理解的一个手段。"见恩斯特·卡西尔《启蒙哲学》,顾伟铭等译,山东人民出版社,1988年,第204页;同时参见该书第五章"征服历史领域"的第二节,对孟德斯鸠及《论法的精神》的专门讨论。——译注

也就是说,他在**总体**范畴下思考了历史,思考了这个总体在特定统一中的各个要素,与此同时,又**恰恰放弃了那种认为有一种要素可以凌驾于其他要素之上**——也就是说,认为可以有一种**历史原动力**——的观念。历史只是一个运动着的总体,我们可以**理解**(comprendre)①它的统一,把握它的内在运动的**方向**②,但绝不能够**解释**(expliquer)③它,也就是说,绝不能够把相互作用的运动归功于某种起决定作用的要素。事实上,这个见解似乎与孟德斯鸠原文的许多段落相吻合,后者不断地从政体的形式回到它的原则,又从原则回到形式。共和制的法产生了德性,而德性本身又使法成为共和制的;君主制的制度孕育了荣誉,而荣誉又维持着这些制度。就像荣誉之于贵族④,原则**既是政体形式的父亲,又是它的孩子**。这就是为什么任何特定的形式都是在原则中产生了自身的存在条件——并且总是先于其自身——尽管与此同时,原则又是在这个形式中获得了表现。我们确乎进入了一个**循环的表现性总体**(totalité circulaire expressive),在这里,每一个部分都像是整体:都是 pars totalis⑤。而我们以为是由某种原因所推动的这个

---

① 这个词(以及上文出现的其形容词形式)也有"包容(的)""涵括(的)"的意思。——译注

② sens,一般译为"意义"(英译本也译为 meaning),但这里用了斜体强调,并考虑文中关于"理解"和"解释"的区分,译为该词的另一个意思即"方向",似更合适。——译注

③ 这个词的重点是指说明、解释事情的原因或理由。——译注

④ "荣誉可以说既是贵族的孩子,又是它的父亲",见《论法的精神》,第五章,第九节。——译注

⑤ 拉丁文:(表现)整体的部分。——译注

球面的运动,不过是它在自身之上的位移。一个转动着的球,其球面上的每一个点都可以从下转到上,再从上转到下,而且无止无休。但所有的点都经历着同样的过程。球面上既没有上也没有下,其全部的整体收拢在每一个点上。

然而我认为,这种有点太过现代的直观并没有表达出孟德斯鸠深刻的思想。因为他归根到底想要有**一个起决定作用的项:原则**。

"原则的力带动一切"①,这是第八章的重要教诲;第八章是以这句话开头的:"各种政体的腐化几乎总是由原则的腐化开始的。"②腐化(因而还有我谈论过的不纯粹状态)构成了一种类似于实验性的情境,使我们有可能深入了解这个性质—原则共有的统一,并确定**哪一个是这个对子中的决定性要素**。我们从中发现,最终是原则支配着性质并赋予它以意义。"政体的原则一旦腐化,最好的法也要变坏,并且转而反对国家;政体的原则健全的时候,就是坏的法也会造成好的法的后果。"(《论法的精神》,第八章,第十一节)"一个国家可以通过两种方式改变,要么是由于政制的修正,要么是由于政制的腐化。如果它保持原则而政制发生改变,那就是政制的修正;如果它失去了原则,同时政制也有了改变,那就是政制的腐化。"(《论法的精神》,第十一章,第十三节)我们在这里清楚地看到从腐化的实验性情境的情况向国家性质变更(变好和变坏都一样)的一般情况的转换。所以归根结蒂③,原则才是形

---

① 见《论法的精神》,第八章,第十一节。——译注

② 见《论法的精神》,第八章,第一节。——译注

③ 原文为 en dernier ressort,这个表达略区别于上下文中的 en dernière instance("归根到底",详见第 60 页译注),故在译法上稍加体现,但两者意思几乎完全一样。——译注

式及其意义生成变异的原因;以至于形式与内容的传统形象(形式就是为事物赋形的东西,就是作用力[efficace]本身)应当被颠倒过来。在这个意义上,原则才是那种作为政体性质的表面形式的真正形式。"当国家没有失去它的原则的时候,法很少有不好的;这就好像伊壁鸠鲁在论财富时说的:'腐化的不是酒,而是酒器'。"①(《论法的精神》,第八章,第十一节)

当然,这并不排斥**性质对原则的作用力**,而是对它作出某些限定。否则我们就无法理解,孟德斯鸠怎能想象出那些专门用来保持和增强原则的法。那些法的急迫,无非是承认了它们自身的**从属性**:它们被运用于某个领域,而这个领域却能够逃避它们的作用,这不仅是由于千万种意外的、外部的理由,而且首先是由于一个根本的理由:这个领域本身凌驾于这些法之上,甚至决定着它们的意义。因而存在这样的极限情境:本想**提供风俗**的法,无力对抗风俗本身,并且反过来妨害自己要为之服务的目的——因为风俗不接受与其目标背道而驰的法。尽管我小心翼翼作出的这个比较可能是冒险的,但这种**由原则归根到底起决定作用**的类型(然而这种决定作用又把从属的作用力的整个地带安排给了政体的**性质**),可以和马克思**归根到底**赋予**经济**的决定作用的类型(然而这种决定作用又把从属的作用力的地带安排给了**政治**)相对比②。在两种情况下,问题都在于某种统一,这种统一可以是一

---

① 参见张雁深译本译者注:"古代盛酒的器皿常常用能够腐坏的材料如皮革之类制成。"——译注

② "归根到底(en dernière instance)"的说法来自恩格斯:"……根据唯物史观,历史过程中的决定性因素归根到底是现实生活的生产和再生产。无论

致的或矛盾的;在两种情况下,都存在着归根到底起决定作用的要素;然而在两种情况下,这种决定作用又都给被决定的要素留下了作用力的整个区域,但那又是一种从属的作用力。

因此,这种解释表明了《论法的精神》首尾两部分之间、类型学与历史之间的真正的统一。但是仍然存在一个困难:这个第二部分内容如此庞杂,逐一讨论了气候、土壤、贸易和宗教的作用,难道它不是又表述了一些新的、七拼八凑的原则,与我刚才指出的那种统一相抵触的吗?

先来历数一下他为我们提出的这些新的决定因素吧。在**气候**(第十四章)之前,我们发现还有一个重要的要素,曾在很多地方——特别是第八章——被提及:**国家的大小**。政体的性质有赖于其统治的地理广度。小型国家宜于共和政体,中型国家宜于君主政体,大型国家宜于专制政体。这样一种决定作用似乎打乱了历史法则,因为地理**直接**决定了政体形式。气候又加强了这个论证,因为这时将由空气的温度来划分统治的种类——暴戾天气下的专制政体,温煦天气下的宽和政体——而且预先决定了哪些人是自由人,哪些人是奴隶。于是我们懂得,"气候的统治是一切统

马克思或我都从来没有肯定过比这更多的东西。如果有人在这里加以歪曲,说经济因素是唯一决定性的因素,那么他就是把这个命题变成毫无内容的、抽象的、荒诞无稽的空话。"(1890年9月21日致约·布洛赫的信,《马克思恩格斯选集》,第4卷,人民出版社,1995年,第695页)阿尔都塞在《亚眠答辩》(即《在哲学中成为马克思主义者容易吗?》)中,有"归根到底……"一节专门论述这个主题,见陈越编,《哲学与政治:阿尔都塞读本》,吉林人民出版社,2003年,第183-197页。——译注

治中首要的统治"(《论法的精神》,第十九章,第十四节),但同时,这种统治又可以被一些法所战胜——基于这种统治的过分扩张,人们便精心设计了那些法,以免自己遭受其恶果。随后突然出现了一个新的原因:一个民族居住地的**土壤的性质**。根据土壤是肥沃还是干涸,我们可以发现那里的政体是一人还是多人执政;根据土壤是山地还是平原,大陆还是岛屿,我们可以看出那里是自由还是奴役占上风。但是,这里所求助的因果关系又会遭到反驳:"国家的开发并不是因为其土壤肥沃,而是因为其自由。"(《论法的精神》,第十八章,第三节)但这时又出现了一个民族①的**风俗**或普遍精神,把它们的作用力添加到先前的要素上去;然后是贸易和钱币,然后是人口,最后还有宗教。人们很难不产生一种混乱无序的印象,似乎孟德斯鸠想要穷尽他逐个发现的一连串原则,然后又没有更好的办法,只能把它们堆砌在一起。"多种事物支配着人们:气候、宗教、法、施政的准则、先例、风俗、方式……"(《论法的精神》,第十九章,第四节)深刻的法则的统一变成了原因的杂多。总体在列举过程中消失了。

我并不想让别人认为我是要把孟德斯鸠从他自己那里解救出来,是要想尽办法牺牲这种混乱无序以换取某种秩序。然而我想简要地指出,透过这种混乱无序,经常会出现类似于某种秩序的东西,它与我们已有的认识并非毫不相干。

实际上,在大多数这类因素中——它们或者决定着政体的性质

---

① 前文译为"民族"的,绝大多数是 un peuple 或 les peuples,而这里的 nation 一词,一般只在论及"一个民族的普遍精神"或"风俗"时使用(对应于《论法的精神》第十九章的内容)。——译注

本身(诸如地理广度、气候、土壤),或者决定着它的一定数量的法——有一点是值得注意的,就是它们只是**间接地**作用于其对象。以气候为例。炎热的气候并不径直产生专制者,温和的气候也不产生君主。气候只是直接作用于人们的**体质**,通过一种精巧的生理学的迂回——这种生理学可以使末端扩张或收缩,从而影响到个人的通体的感受性,赋予他特有的需要与倾向,乃至行为的风格。① 正是**被如此造就和制约的人**才宜于接受那样的法和那样的政体。"正是不同气候中的不同需要形成了不同的生活方式,这些不同的生活方式又形成了不同种类的法。"(《论法的精神》,第十四章,第十节)由气候所产生的**法**因而是整个链条的**最后的后果**,而其中的**倒数第二个后果**——作为气候的产物和法的原因——乃是**生活方式**,它是**风俗**的外表(《论法的精神》,第十九章,第十六节)。我们再看**土壤**:如果说肥沃的土地有利于一人单独执政的政体,那是因为那里的农民太专注于他们的劳作,能够从中得到太多的回报,足以让他们不再从土地和钱财上抬起头来。再看**贸易**:贸易并不直接作用于法,而是通过风俗的中介:"凡是有贸易的地方,就有温良的风俗"(《论法的精神》,第二十章,第一节)——因此贸易的和平精神就与某种政体相契合,与另一些政体相排斥。至于**宗教**本身呢,在这些完全是物质性的因素中间,它看起来好像是来自另一个世界,但却以同样的方式起作用:它给一个民族提供了体验权利、实践道德的途径;它只是通过公民和臣民②的行为才与政体发生关联。正是通过对恐惧的控制,伊

---

① 参见《论法的精神》,第十四章,第二节。——译注
② sujets 这个词也有"主体"的意思。——译注

斯兰教徒才如此倾向于专制政体：他们为这种政体提供奴隶，使奴役有了成熟的条件。正是通过对道德观念的控制，基督教徒才如此适宜于宽和政体："我们受到基督教的恩惠，在政体方面，有某种政治法（droit politique）①，而在战争方面，有某种万民法（droit des gens）……"（《论法的精神》，第二十四章，第三节）因此，所有这些原因，虽然看起来完全是支离破碎的，可是当它们作用于政体、并决定它的某些主要的法时，就都汇合**在一个共同点上**：风俗，即存在、感觉和行为的方式——它们把这些方式赋予了在它们的统驭下生活的人们。

从它们的相遇中诞生了孟德斯鸠称为**一个民族的精神**的东西。他的确写道："多种事物支配着人们：气候、宗教……"，等等，但得到的结论只是："其结果是由此而形成了一种普遍精神。"（《论法的精神》，第十九章，第四节）

因而其**结果**就是：风俗，一个民族的普遍精神，要么决定了政体的形式，要么决定了它的一定数量的法。于是人们会问，他们莫不是在这里又看到了**一种已知的决定作用**。的确，人们可以回想我前面关于政体的**原则**、关于它所表现的人们具体生活的深邃之处所说过的话。不从政体的**形式**（也就是它的政治要求）的观点，而从政体的**内容**（也就是它的起源）的观点来看，**原则的确就是人们具体行为的政治化的表现**，也就是他们的风俗和精神的政治化的表现。当然孟德斯鸠并没有明明白白地说，一个民族的风俗或精神，构成了其政体**原则**的那个本质。但那些原则就如同政

---

① 这个词在本书中一般译为"政治权利"，以区别于译为"政治法"的lois politiques。——译注

体的纯形式一样①:正是从它们的腐化中显露出它们的真理。**原则**一旦失去,我们就会看到,**风俗实际上代替了原则的角色**:风俗是原则的丧失或得救。看看被德性遗弃了的共和政体:那里的人们不再尊敬官吏,不再尊敬老人,甚至也不再尊敬……丈夫。"不再有风俗,不再爱秩序,最后,也不再有德性了。"(《论法的精神》,第八章,第二节)很难再比这更清楚地说明**原则**(德性)就是**风俗**的表现了。看看罗马:在其经受的磨难和挫折,以及撼动了一切形式的那些事件当中,它仍自岿然不动,"犹如一只大船,在狂风暴雨当中有两只锚维系着它:宗教和风俗"(《论法的精神》,第八章,第十三节)。最后再来看看那些现代的国家:"大多数欧洲国家至今还受着风俗的支配"(《论法的精神》,第八章,第八节);风俗使得这些国家免于专制政体,并且部分地主宰了它们的法。当看到政体的原则与性质之间的辩证法也同样出现在了风俗与法之间,我们又怎能怀疑风俗——这个比原则更博大更宽广的东西——才是原则真正的基础和根柢呢?"法制定于外,风俗则感悟于内;后者更多取决于普遍精神,前者更多取决于特殊制度:然而推翻普遍精神与改变特殊制度相比,是同样危险甚至更加危险的事情。"(《论法的精神》,第十九章,第十二节)如果风俗对于法不像原则对于性质那样具有同样的优势,即**最终决定着法的那种优势**,我

---

① 参见本章上文:"我们在这里清楚地看到从腐化的实验性情境的情况向国家性质变更(变好和变坏都一样)的一般情况的转换。所以归根结蒂,原则才是形式及其意义生成变异的原因;以至于形式与内容的传统形象(形式就是为事物赋形的东西,就是作用力本身)应当被颠倒过来。在这个意义上,原则才是那种作为政体性质的表面形式的真正形式。"——译注

们就很难想象，为什么改变风俗比改变法**更加**危险①。因而才会如此经常地出现那样的观念，认为存在着某种属于风俗的本原的德性。如果"一个民族对自己的风俗总是比对自己的法更熟悉、更热爱、更拥护"(《论法的精神》，第十章，第十一节)，这是因为这些风俗来得更深刻、更原初。于是在初期的罗马人那里，"风俗已经足以维持奴隶们的忠诚；所以并不需要任何法"(《论法的精神》，第十五章，第十六节)。后来，"因为不再有风俗了，人们才需要有法"。而在本为原始的民族那里，如果说风俗先于法并代替了法的角色(《论法的精神》，第十八章，第十三节)，那是因为这些风俗以某种方式**从自然中获得了它们的起源**(《论法的精神》，第十六章，第五节)。**在原则中政治化地表现出来**的行为的形式和风格，都可以归结到这个最后的背景上；而孟德斯鸠通过气候、土壤、宗教等方面所逐一列举的，便是构成这个最终背景的主要成分。

我以为，风俗与原则之间这种实质上的类同，也可以帮助我们理解那些**因素**之间奇怪的循环因果关系，这种因果关系初看起来完全是机械的。的确，气候和土壤等等决定了法。但它们又会

---

① "在一切社会——它们无非是各种精神的联合——中，都形成了一个共同的性格。这种普遍的灵魂所采用的思想方式，是经过世世代代积累融合而成的一系列无穷无尽的原因的后果。这种音调一旦被赋予并接受，就会独自占据支配地位，而君主、官吏和人民能够做到或想到的一切，无论听上去是违反还是遵循这种音调，都始终与之相关；它统治着一切，直到完全的毁灭。"(《随想录》)

[《随想录》(*Pensées*)是孟德斯鸠的一部笔记，直到 1899 年才由亨利·巴克豪森(Henri Barkhausen)整理出版。——译注]

遭到法的反制,而高明的立法者的全部艺术,就在于为了支配这种必然性而利用它(jouer de cette nécessité pour la jouer)。如果这个办法是可行的,那是因为这种决定作用**不是直接的,而是间接的**,它全都汇合和集中在一个民族的风俗和精神里,通过**原则**——它是风俗的政治化的抽象和表现——而进入国家的总体。不过既然在这个总体内部,性质对原则产生某种作用是可能的,因而法对于风俗、进而对于风俗的构成成分和原因产生某种作用也是可能的,那么,**我们对于气候也可以屈从于法这样的事情,就不必感到意外了。**

我知道人们可以拿文本来反驳我,责备我过分地维护了孟德斯鸠。但是我认为,人们能够表达的所有保留意见,都只是围绕着一个点在打转:**原则**概念和**风俗**概念的歧义性。而我相信,这种歧义性在孟德斯鸠那里是**现实的**。我可以说,它同时表现出孟德斯鸠想要一劳永逸地为历史带来明晰性和必然性的欲望,但也表现出他的无能为力——更不用说他的**选择**。因为,如果说政体**性质**的领域总可以得到明确的定义,如果说关于性质-原则的矛盾统一的辩证法,以及关于原则的优先性的论点,都可以从他的实例中清楚地呈现出来,那么,原则概念和风俗概念却仍旧是含混不清的。

我说过,原则表现了某种政体的存在条件,并且可以归结到作为其具体背景的人们的现实生活。《论法的精神》第二部分里面各种平行的因果关系,便为我们很好地揭示了构成这种现实生活的成分,也就是这种政体在物质上和道德上的、现实的存在条件——并且把它们统统概括进(从**原则**里显现出来的)那些风俗之中。但是,从风俗到原则,从现实条件到出自某种政体形式的政治要求(它们相遇在**原则**中),我们很难看到两者之间的过渡。就连我使用的那些说法,比如谈到风俗**政治化地表现在原则中**,也暴露了这一困难——因为这种**表现**在其起源(风俗)和其目的(政体形式)的要求之间就像是被撕裂了。孟德斯鸠的全部歧义性都缘于这种撕裂。他的确感觉到,历史的必然性只有在各种政体形式与其存在条件的统一中、在这种统一的辩证法中才能被思考。但他把所有这些条件归拢起来,**一方面归入风俗**——风俗的确产生于那些现实条件,但它的概念仍是含混不清的(在风俗中所有这些条件的综合都只是堆积式的);**另一方面归入原则**——它在其现实的起源和它应予激活的政治形式的要求之间分裂开来,并且**过多地**、**一味地偏向于这些要求**。

我们可以说,这种矛盾和歧义性对于一个用他那个时代的概念进行思考的人来说,是不可避免的——这个人不可能超出已有认识的界限,他只是把他所知道的东西彼此联系起来,而不可能在他所描述的条件中寻求更深刻的统一,因为这种统一将要以全部**政治经济学**为前提①。确实如此。而已经很了不起的一点是,在一种天才的历史观中,孟德斯鸠预先定义和指出了这个仍旧晦暗的、刚开始点亮一个含混不清的概念的地带:**风俗**的地带,在它的后面,还有一个**人们在与自然、与他们的过去的关系中表现出来的具体行为**的地带。

---

① 看看伏尔泰说过的:"孟德斯鸠没有任何与财富、制造业、财政及贸易有关的政治原则的认识。这些原则还没有被发现……对他来说,把它[《论法的精神》]写成斯密论财富的著作,就像牛顿的数学原理一样,也是不可能的。"

但在他身上有另一个人,比起那个科学家来,更善于利用这种歧义性。这个属于某一政治党派的人,恰恰需要各种形式高出其原则的地位,并且希望有**三种类型的政体**,以便在气候、风俗和宗教的必然性的掩护下,从中作出**自己的选择**。

第四章

"有三种政体……"①

« Il y a trois gouvernements... »

① 语出《论法的精神》,第二章,第一节:"有三种政体:共和政体、君主政体、专制政体。"——译注

因此,有三种类型的政体。共和政体、君主政体和专制政体。对于这些总体,应作仔细的考察。

一、共和政体

关于共和政体,我希望长话短说。尽管法盖(Faguet)说孟德斯鸠是个共和党,但孟德斯鸠却不相信共和政体,理由很简单:**共和政体的时代已经过去了**。共和政体只在小国家才能站住脚。我们处在大、中型帝国的时代。维持共和政体只能靠德性和节俭,靠普遍的中庸——取其最初的意思①——也就是说,人人都知足常乐。我们处在一个奢侈和贸易的时代。德性成了不堪承受的重负,以至于它的那些效果也会令人失望,除非人们能够指望从更轻便的规则中得到它们。因为这一切理由,共和政体退回到历史的远景中,退回到希腊、罗马。大概这就是为什么共和政体显得那么美好的原因吧。孟德斯鸠虽然毫不犹豫地说黎塞留②想

---

① médiocrité("中庸")的原意是指"中间状态"。——译注
② 黎塞留公爵(Duc de Richelieu, 1585—1642),路易十三时代的首相,红衣主教。——译注

要让一个天使来当国王的想法是荒谬的，因为那种德性太稀有了①，但是他也同意，在希腊和罗马的某些时期，曾经有足够多的天使来组成城邦。

这种政治天使主义使民主制（因为我暂且把贵族制放在一边，那只是民主制与君主政体的不稳定的混合物）成为一种例外体制，几乎是政治上所有要求的综合。首先，这的确是一种**政治**体制，我是说，这种体制达到了**真正的**政治领域：一个具有稳定性和普遍性的领域。民主制中，人们就是"一切"，但他们并非任由自己的幻想所摆布。公民并非一群专制者。他们的全能让他们服从于一种他们承认的、超越了他们作为单个人的政治秩序和政治结构。这便是法的秩序——不管那些法是**根本性的**，也就是说，对于体制是构成性的（constitutives）②；还是偶然性的，也就是说，是为了对事件作出反应而颁布的。但这种使他们成为**公民**的秩序本身，并非一种从外部接受的秩序，例如，就像封建秩序那样，是君主政体中各等级的"自然的"不平等。公民在民主制里拥有的那种唯一的特权，就是他们自己在立法中自觉自愿地产生了统治着他们的秩序本身。作为法的孩子，他们也是法的父亲。他们只是作为主权者的臣民。这是一些服从于自身权力的主人。

---

① "红衣主教黎塞留，可能觉得自己过分贬损了国家的各个阶层，所以他求助于君主及其臣子的德性来维持国家。但是他对他们所要求的东西太多了，所以实际上只有天使才可能具备他所要求的那种谨慎、开明、果断和知识。"（见《论法的精神》，第五章，第十一节）——译注

② 注意这个形容词和名词 constitution 的关系，后者既有"构成"的意思，也有"政制""宪法"（一般首字母大写）的意思。当然，形容词"宪法的"是用 constitutionnel。——译注

我们看到,臣民和主权者在公民身上的这种综合,也曾经纠缠着卢梭;它强迫人成为比人更高的东西——虽不是完全成为天使,却要成为公民,即公共生活中真正的天使。

公民这个范畴在人自身中实现了**国家的综合**:公民,就是在私人身上的国家。这就是为什么——在孟德斯鸠那里和在卢梭那里都一样——**教育**会在这种体制的经济学①中占据如此重要的地位(《论法的精神》,第四章,第五节)。孟德斯鸠指出,民主制不可能容忍那种构成现代体制特性的教育的分裂。现代人的确在两种教育之间被撕裂了:一边是父亲和老师的教育,另一边是世界的教育。一方对他鼓吹道德和宗教,另一方教给他荣誉。黑格尔将称之为**世界的法则**(loi)的东西制约着**现实的**人类关系,它战胜了内心的法则,而后者便把家庭和教会当作避难所(《论法的精神》,第四章,第四、五节)。民主制中就没有这回事,家庭、学校和生活说着同样的语言。整个生活只是一场无终结的教育。这是因为,正是就其本质而言,在这种——作为其暂时形象的——无休止的驯服与教化的外表底下,民主制预设了从私人到公共的人的真正**转变**。如果民主制中一切私人的罪过都是公共的罪行②——这说明了监察官的正当性——如果公民权利与政治权利成了一个东西,那是因为人的全部私人生活都旨在成为一个公共的人——而那些法(lois),便成为这种要求的不断"提示"。民主制的这个循环,只不过是持久的民主教育;这个独特的循环——

---

① économie 在这里有"结构"的意思,尤指其中量的合理分配或和谐比例。——译注

② 前者中的 délits 指轻罪,后者中的 crimes 指重罪。——译注

它属于一种就这样把自身的存在当作无止境的任务接受下来的体制——实现了公民的特殊职责(devoir)①,公民为了在国家中如其所是地成为**一切**,就应当(doivent)在他们个人自己身上,也变成国家的"一切"。

这是道德的转变吗?当孟德斯鸠把德性——虽然完全是政治的德性——描述为公益高于私益(《论法的精神》,第三章,第五节;第四章,第五节)、忘我、理性战胜激情时,他提出的的确就是这样的想法。但这种道德的转变并不是某一孤立意识的转变;它是一个国家——这国家整个儿被那种职责(devoir)所浸染——通过**法**表现出来的转变。这个共和政体需要公民;通过法,它刻意**强迫**他们具有德性。要付出怎样的代价,这种德性才能硬是做到这一点呢?代价包括从过去保持下来的古老经济;包括由法、长者和监察官小心看护的风俗;最后,也是最主要的,包括富于判断力的政治措施,这类措施之所以想要教化人民,只是为了让他们服从于其**显要人物**的权力。

事实上,在对作为**民主制**的这种人民政体所作的纯属回顾性的辩护中(贵族制远没有这么典型,因为——我敢说——贵族制一上来就是建立在对人民进行划分的基础上的),引人注目的事情是要刻意地**在人民当中区分出两种人民**。当我们把孟德斯鸠的共和政体和卢梭的共和政体、把其中一种的德性和另一种的德性加以比较的时候,千万不要忘记,前者属于过去而后者属于未来;后者是人民的共和政体,前者是**显要人物的共和政体**。因此

---

① 这里和后面一段译为"职责"的 devoir 在前文中也译为"应当",并且也和下文紧接着的"应当"相呼应。——译注

可以说明**人民代表制**这一难题的重要性。卢梭根本不希望作为主权者的人民通过其**代表**来立法:"正如主权是不能转让的,同理,主权也是不能代表的;主权在本质上是由普遍意志所构成的,而意志又是绝不可以代表的。"(《社会契约论》,第三卷,第十五章)①所以采用代表的民主制就寿终正寝了。相反,孟德斯鸠却认为没有代表的民主制是一种即将到来的人民的专制政体。这是因为他对人民形成了一种非常独特的观念,并为古代民主制所证实;在那些民主制中,"自由人"的自由占据了前台,而把众多的工匠和奴隶留在了阴影里。孟德斯鸠不希望这些**下层人民**掌握权力。② 这的确是他最深层的思想,也可以解释第二章(第二节)里所有的谨慎。任其自处的人民(下层人民)无非是一堆激情。他们没有能力去预见、思考和判断。激情怎么能有判断呢? 因为那里根本没有理性。所以就要剥夺人民的一切直接权力,但要让他们选出自己的**代表**。他们选得好极了,因为他们可以就近观察人们的行为,随即鉴别出好的和平庸的。他们知道怎么选出好将军、好富人和好法官:因为他们在战场上发现第一种人,在宴乐时发现第二种人,在判案中发现第三种人。他们有"鉴别才德的天然能力",而他们对于才德一目了然的证据就是,"在罗马,虽然人民可以赋予自己权利去提拔平民担任公职,但是他们可能并没有下决心推选过平民。在雅典,虽然按照阿里斯底德法,人们可以

---

① 原文作第二卷,当为误植。引文见《社会契约论》,何兆武译,商务印书馆,1980年,第125页,译文有改动。——译注

② "世上没什么比共和政体更蛮横的……下层人民是你可能遇见的最蛮横的暴君。"(《旅行记》)

从任何阶级选拔官吏,但是据色诺芬说,从未有下层人民要求过那些可能影响国家存亡或荣辱的(官职)"(《论法的精神》,第二章,第二节)!人民的天赋是何等奇妙,这种天赋迫使他们承认他们永远没有能力做自己的主人,并正确地找到那些在地位和财产上高过自己的人来当主子。因而古代民主制本身就已然是有利于历史上一切显要人物的了。

因而,在民主制中,人们可以有足够的办法来增强这个明智的倾向,而且如果需要的话,也有足够的办法在其感召下迎合和确立这个倾向。尤其是法有足够的辨别力将人民划分为各个阶级,以便让平民百姓得不到选票。"伟大的立法者就是在做出这种划分的方式上出了名",例如塞尔维乌斯·图里乌斯,他很有头脑地"把选举权交到主要公民的手里",以至于"与其说是人在参与选举,毋宁说是资产与财富在参与选举"。再例如罗马的立法者,他们懂得**公开投票**是"民主制的一项基本法",因为"小民应该接受主要公民的教导,接受某些人士庄重举止的约束"(《论法的精神》,第二章,第二节)。**秘密**投票是贵族制中领主们的特权,其理由在于他们自己就是自己的大人物!毫无疑问,让一种如此**自然的**安排得以延续下去的最有效办法,就是把它生产出来。

由于现代国家的扩大,以及使德性违背人性的世界进程,民主制被小心地限制在过去,因而只是通过它遗留给现在的这条经验的准则才与现在有关:"在政体中,就算是人民政体,力量也绝不应当落入下层人民手中。"(《论法的精神》,第十五章,第十八节)

二、君主政体

伴随着君主政体和专制政体——后者作为前者的反面,作为前者所受到的诱惑——我们生活**在现在**。孟德斯鸠认为现代属于封建君主政体,封建君主政体也属于现代。出于两个理由,古人没有见识过真正的君主政体(如我们所知,在罗马,君主政体的外表下躲着共和政体),而两者的相遇①反而说明了这些理由:因为古人对真正的权力分配很无知,也完全不懂得由贵族执政的政体。

什么是君主政体?根据其**性质**,它是独自一人"依据固定的和既定的法"领导国家的政体。根据其**原则**,它是**荣誉支配一切**。

独自一人——国王——执政。但这些有着如此特权而成为**固定的和既定的**法又是什么呢?这种固定和既定又意味着什么呢?孟德斯鸠在这里企图得到的,是法律家们三个世纪以来称之为**王国的基本法**的东西。**基本法**这一表达在《论法的精神》里经常出现。每种政体都有它的一些基本法。于是共和政体里值得一提的是选举法;而专制政体里则是专制者对宰相的任命。随着他的发挥,我们甚至得知,**殖民地协定**就是**欧洲**关于其海外属地的一项基本法(《论法的精神》,第二十一章,第二十一节)。因此,孟德斯鸠对这一表达的用法很宽泛,指的是一种政体中用来定义

---

① 指古人和君主政体的"相遇"。——译注

它的"性质"（按现代的说法就是它的政制）并奠定其基础的那些法，有别于政体进行统治所依据的法。但是就君主政体的情况而言，这种表达明显汇聚了以往论战的回声。这些论战的目的在于限定**绝对君主**的权力。王国的基本法这个概念的出现，就是为了限制国王的要求。人们提醒他，他作为国王，无疑是靠了上帝的恩典，但也是比他更古老的法的后果，而他登上王位的同时也就默认了这些法；这些法的功效让他甚至在自己都不明就里的情况下坐在了这里。法律家们一般提到的，首先是依据血统的继承法，然后是一整套目的在于承认现存各阶层（des ordres）①的安排：贵族、僧侣、高等法院等等。基本法让国王登上王位，反过来也要求国王遵守这些法。这正是孟德斯鸠谈论君主政体时——在一种更一般意义的名义下——重新采用的意义。

仔细阅读第二章第四节。你会看到第一个句子就确认了君主制政体的**性质**：这是一种"依据基本法"，以及"中间的、从属的和依附的权力"构成的政体。中间的权力有二：贵族和僧侣，而贵族是两者当中"最自然的"。因此"中间实体（corps intermédiaires）"将成为法！孟德斯鸠在别处还提到君主政体的一项基本法：王位继承法②，它阻止了阴谋诡计和权力的分裂——不仅针对君主之死，而且在他活着的时候，都可以起到这样的作用。这种法完完全全是一种法。他同样也求助一个独立于国王权威

---

① 参见第 20 页译注。——译注

② 《论法的精神》，第五章，第十四节："在没有基本法的国家，王位的继承是不能固定的。……这就是专制国家比君主政体容易瓦解的一个原因。"——译注

的"法的保管处"①的必要性,其实那就是一项使某个**政治**制度得以固定不变的"法"。无非就是贵族和僧侣!我们考虑的是**政治的**制度,现在出现的却是**社会的**各阶层(ordres)。的确,**法**这个字眼在这里只是指那些有特权的实体,从而意味着国王只有依靠贵族和僧侣的存在才成其为国王,反过来,他也应当承认贵族和僧侣,并维持他们的特权。

这一切立刻被承认了:"最自然的中间的②权力,就是贵族的权力。贵族以某种方式进入君主政体的本质。君主政体的基本准则是:'没有君主就没有贵族;没有贵族就没有君主'。"(《论法的精神》,第二章,第四节)我想我们在这里可以迅速从孟德斯鸠至少一部分政治类型学的抽象特性中获得教益。已经不用等待那个**原则**去揭示国家的具体生活了:从政体的性质这里开始,我们就可以目睹整个政治和**社会秩序**(ordre)的出现。

"这些基本法必须以力量流动的中介渠道为前提。"(《论法的精神》,第二章,第四节)这些"渠道"正是贵族和僧侣。但由于语言的狡计,我们在这里又要面对一个纯粹的法律难题。那个"必须"("这些基本法**必须**以……渠道为前提")于是真正获得了其纯金般的分量。因为我们到目前为止完全看不到贵族和僧侣的**必要性**!这根本不是一种原初的必要性。这是我们所说的"假如要达到这样的目**我们就有必要接受这样的手段**"那种意义上的

---

① "dépôt des lois",其中 dépôt 是寄存处、保管处的意思,中译本译为"保卫机构"或"监护机构"均不准确。——译注

② 对照《论法的精神》原文,此处缺"从属的"(subordonné)一词。——译注

必要性。这种必要性就在于：**如果不想让国王变成专制者，就必须有这些中间的阶层**。因为"在君主政体里，君主就是一切政治的与公民的权力的源泉"；但是，"如果一个国家只凭独自一人一时的和任性的意志行事的话，便什么也不能固定下来，结果也就没有任何基本法了"(《论法的精神》，第二章，第四节)。一切都在这四行文字里概括了。基本法就是一种体制的固定和恒定。没错，我们在谈论法律问题。但这里**也**有特权阶层的存在。因而我们就是在谈论社会问题。由这个推论可知，那些阶层与所谓固定和恒定是一回事。这种如此独特的同一性，其理由在于：一个没有贵族和那些阶层的君主(monarque)是不可想象的，**除非他是专制的**。权力机制(那些**渠道**)的法律理由服务于那些阶层的利益，而对立于专制者的利益——专制者就是指任何不需要贵族辅佐的君主(prince)①。因此可以得出如下结论：就本质而言，**这些固定的和既定的法，无非是贵族和僧侣既定地位的固定不变**。

看到这一点，法律论据也就恢复了活力。而孟德斯鸠也很乐于将这种中间实体体制所特有的**动力学**描述为**仿佛是对权力进行政治分配的一种纯形式**。

特别值得注意的是：关于专制政体常用的隐喻，借自相互冲撞的物体②——而关于君主政体常用的隐喻，则来自一个流溢的

---

① 此处"君主"用的是 prince 一词，不同于 monarque，后者专指君主政体(monarchie)中的君主。——译注

② 见《论法的精神》，第三章，第十节："在那些专制的国家，政体的性质要求极端的遵从；君主的意志一旦被了解，也应立竿见影地产生后果，就像一个球击中另一个球应有的后果。"——译注

源泉①。水从高处的源头流出，进入不同渠道，因而减慢流速，确定流向——及至尽头，漫延到那些在它滋润下变得葱翠的土地。球体碰撞的意象意味着时间和空间中的直接性，而全部的"力"都因碰撞而传递。专制政体中的权力就是这样被行使或被给予的。相反，灌溉的源泉的意象意味着**空间**和**绵延**。它的流程就是它的流动本身，需要一些时间让水流过。水绝不会完全流走：源泉不会像水池子那样被排空，它所容纳的总是多于它所给予的。一个球撞到另一个球，就会朝着与之相反的方向弹回，瞬间的相撞让它们随即分离；相反，流出的水却绝不会与自身断开。从源头到最远方的土地，都是同一条源源不断的水流。

君主的权力便是如此。和专制者一样，他绝不会放弃这一权力，完全把它交到第三方手中。有些权力要交给大臣、总督、将帅，但他总是保留了更多。而君主行使权力的世界，权力的延伸，以及他不得不让权力借用的那些"渠道"，都迫使他有一种必要的缓慢，这种缓慢正是他权力的绵延本身。实际上君主制政体的性质要以真正的空间和绵延为前提。空间：国王并不独自占满这个空间，他在这里遇到了一种广阔的社会结构，其广阔是因为，它由各种阶层和等级所区分和组成，每个阶层和等级都各有其**地位**。空间作为王权延伸的尺度，因而也是其力量的限度。空间即障碍。专制政体那无边的平原在专制者面前就好像是一道薄薄的

---

① 见《论法的精神》，第二章，第四节："……在君主政体里，君主就是一切政治的与公民的权力的源泉。这些基本法必须以力量流动的中介渠道为前提：因为，如果一个国家只凭独自一人一时的和任性的意志行事的话，便什么也不能固定下来，结果也就没有任何基本法了。"——译注

地平线,这正是因为它不提供那些**意外事件**,即由那些人们所构成的种种不平等:它被拉平了。正是贵族、僧侣这些障碍让空间有了政治上的深度,就像篱笆、屋顶和钟楼这些障碍让空间有了视觉上的深度。而王权的**时间**只不过是这种**经历了考验的**空间。作为一个被赋予无上权力的人,国王注定是仓促的产物,一切在他看来都像出于天意。他要学会**缓慢**:从他统治的这个世界本身、从那些特权阶层里,还有从好的君主政体当中致力于教给他缓慢的那个实体——**法的保管处**——里学习。这种缓慢就好像是在主权者和他的臣民之间拉开一道真实而充分的距离,通过这种距离对主权者进行政治理性的强制教育。要经由缓慢,他才会接受理性。这个君主当然不是个天使,他只会因为其权力的必要性本身而变得有理性:权力的空间和绵延将成为国王的实践理性,如果他不是生而知之,那就要靠经验才能迫使他变得有智慧。正如在民主制中,显要人物凭借其地位和财产,充当了人民的理性;同样地,贵族的障碍在此也充当了国王的智慧。

但民主制和君主政体两者有一个本质上的差异。因为在民主制中,的确需要**在某个地方**存在德性和理性,需要有**一些人他们自身**①具有理性,而不是指望能够不经他们的意愿就有理性。共和政体中的那些显要人物不能没有德性,如果我们希望这种政体是民主制的。因而,在那里,理性的命运掌握在人们自己手上,即使它只是被委托给了少数当选者。君主政体中的情况就完全不同了。那些贵族充当了国王的智慧,可他们并不受制于智慧。恰好相反,他们的性质属于非理性的存在者。他们没有能力反

---

① par eux-mêmes,也可以译为"靠他们自己"。——译注

思,并且因为没有能力反思,所以他们必须到法吏讼师那里去寻找自己不愿失去的对法的记忆! 那么,在君主政体中,既然没有谁是有理性的,这种理性又是从哪里来的呢? 从贵族那里来,他们没有理性,却能**生产**理性,尽管他们既不想要也不懂得这个理性,尽管他们与之毫无关系。因此,这一切的发生,就好像是君主政体将政治理性作为其私人非理性的结果生产了出来。这种理性并非出现在任何法例规章中,而是存在于整体中。像这样不经意地生产出它自身的目的,大概就是君主政体最深刻的法则(loi)。如果有必要补全它的最后一项——实际上是第一项——基本法,那么就应该说:君主政体的原创的法(loi)就是这种**理性的狡计**。

就是这种狡计,构成了君主政体的原则即**荣誉**的全部本质。事实上,荣誉的真实①即在于它是**虚假的**这一点。孟德斯鸠说,"从哲学上说是虚假的"②(《论法的精神》,第三章,第七节)。应该在两层意义上理解这种虚假性。其一意味着荣誉的真实与真实毫不相干。其二,这一谎言不经意地生产出了一种真实。

荣誉与真实、与道德毫不相干。这就与荣誉本身的一切表象相抵触,因为荣誉要求坦率,要求遵从,要求礼节和慷慨大度。坦率吗? 荣誉要求"谈话时要有一些真实。这是不是因为爱真实

---

① vérité 一词在前文均译为"真理",此处则兼有"真实"和"真理"的意涵。为了避免读者误认为是两个词,所以在本节中统一译为"真实"。——译注

② 原文是:"的确,从哲学上说,是一种虚假的荣誉引导着国家的各部分。"——译注

呢？完全不是"(《论法的精神》,第四章,第二节)。这种对"真实与质朴"的热爱存在于跟荣誉毫不沾边的人民当中,而绝非存在于荣誉当中,后者要求真实,只是"因为一个习惯于说真实话的人,总显得勇敢而自由"。遵从吗？荣誉赞成遵从,不是为了遵从,而是为了荣誉;不是为了服从的善意和德性,而是为了荣誉通过作出服从的选择,使自己变得高贵。其证据是,这种完全服从的荣誉,使它所接受的命令的资格服从于它自己的仲裁：不遵从一切被它判断为不荣誉、与它的法和规范相抵触的事情。礼节和慷慨大度、心灵的高贵吗？这些当然是所有人——假如他们打算和平地生活在一起——对于他们的同类应有的职责。但在荣誉中,"礼节惯有的起源,都不是属于一个多么单纯的源头。它产生于想要出人头地的渴望。我们彬彬有礼是因为骄傲：我们具有的风度可以证明我们不是鄙俗之辈,证明我们从未与一切时代所不齿的那类人为伍,这就使我们自己感到得意"(《论法的精神》,第四章,第二节)。慷慨大度本身看似源于善意,其实只是证明,一个出身高贵的心灵想要通过施与财产,表现得比其财产更高贵,通过忘掉地位,表现得比其地位更崇高;仿佛心灵能够否认地位的优势——只有拥有这种优势,才能获得否认它的快感。于是,德性的一切表象全都被翻转过来了。因为荣誉与其说是服从于德性,不如说是让德性服从于它。"这个古怪的荣誉使德性总是成为它想要的东西。它擅自为我们按要求所做的一切事情设立规则;它随心所欲地扩大或限制我们的职责,无论这些职责是源自宗教、政治,还是道德。"(《论法的精神》,第四章,第二节)

那么,荣誉是否与另一种真实——不再是理论的、道德的真实,而完全是实践的、世俗的真实——有某种关系呢？看到孟德斯鸠在蛮族法——它使法官的判决服从于**决斗**取证——那里寻找荣誉在**荣誉攸关之事**(point d'honneur)①中的起源,我们就可以相信这一点。② 我们此刻想到了霍布斯,想到他描绘的那个非同寻常的形象——人们在斗争中的命运。在构成我们全部生活的无止境的竞赛中,我们就像沿着一条跑道一起出发。我们投身于斗争,无休止地追求彼此超越,直至死亡才会结束这场竞赛。荣誉,**就是回过头来看到有人落后于我们**。霍布斯的荣誉便是如此,它既表达了人类想要胜过他人的欲望,也表达了领先于他人之后的真实而自觉的价值。可这并不是孟德斯鸠的荣誉。荣誉在孟德斯鸠那里不是造成人类境遇的动力,不是那种普遍的激情——它挑起了关乎威望和承认的普遍的斗争,而黑格尔将从这种斗争中发现主人和奴隶以及自我意识的起源。在孟德斯鸠那里,主人和奴隶总是先于荣誉而出现;荣誉的凯旋所庆祝的从来不是一场真正的凯旋。在发出起跑令之前,竞赛就已开始。在荣誉方面,如果我们还要谈竞赛,那么正如帕斯卡尔所说,有些竞赛提前了二十年,而且所有竞赛都是这一套。因为事实上,如果荣誉要求"**显荣美誉和出人头地**",那么它就首先需要以这类东西约定俗成的存在和井然有序的授予为前提——简言之,它需要以一个由"优遇和地位"(《论法的精神》,第三章,第七节)支配一切的国家为前提。荣誉乃荣誉攸关之事,不是关乎斗争获得的价值,

---

① 如《论法的精神》,第二十八章,第二十节,"荣誉攸关之事的起源(Origine du point)"。——译注

② 可参见《论法的精神》,第二十八章,第十四节到第二十一节。——译注

而是关乎与生俱来的优越。于是，荣誉就是**一个社会阶级的激情**。如果荣誉像是这种激情的父亲，是因为在蛮族法遥远的源头，在法兰克族征服高卢人的时候，它就构成了这种激情；它像是这种激情的父亲，是因为它在对自身优越性的信念中维持着这种激情。荣誉更像是**贵族的孩子**，因为离开贵族的存在，荣誉就无法想象。荣誉的全部虚假性都在于，它赋予种种理由以道德的或价值的表象，而这些理由事关一个阶级的虚荣。

但是，荣誉之所以是虚假的，不只是因为它用狡计玩弄真实。它之所以是虚假的，还因为这种谎言也生产出了一种真实。这种奇怪的激情实际上如此井然有序，以至于它的古怪行径都有它们的法，以及一整套规范；它似乎要用对秩序和社会的鄙视推翻社会秩序，同时又把自己的支配地位强加给整个国家，用它的非理性本身服务于这个国家的理性。这种**成见**，无论它是什么，都与真实完全无关，但却转变为政治现实性的优势。因为荣誉用狡计玩弄真实与道德的同时，本身也成了自己这种狡计的受骗者。它自以为只知道一种职责，就是它的自我承认：出人头地、使自己的高贵永久化、关注某种使其振拔于自己的生活和自己接受的阶层之上的自我形象的职责。事实上，"各部分自以为是走向其特殊利益的时候，结果却走向了公益"（《论法的精神》，第三章，第七节）。事实上，"这种虚假的荣誉对公是有用处的，正如真实的荣誉对能够得到它的个人是有用处的"。那些在原因上是虚假的德性——遵从、坦率、礼节和慷慨大度——在种种后果上却是真实的。对君主来说，他到底是从道德或真实那里，还是从虚荣和成见那里获得这些德性，又有什么关系呢？其后果都是同样的，用不着为了同样的原因让德性付出那种超人的努力。

荣誉是德性的经济①。它无需德性,就以最小的代价达到了同样的后果。

但是它还有一种完全不同的价值,恰好与掌管这些账目并且从中渔利的那个君主有关:它不会向任何东西——哪怕是最高权力的威望——低头。它高于一切法,不仅有宗教的和道德的法,还有政治的法;这使得荣誉成为国王的各种任性的绊脚石。如果荣誉的力量"受到它的动力的限制"(《论法的精神》,第三章,第十节),如果大人物头脑中向来只有荣誉二字,那么这种自满就可以满足他们了。他们再没有别的什么野心,无论是赢得财产还是攫取权力;如果荣誉就是大人物对于世间真实利益的视而不见,如果它的不可理喻②就这样使得君主可以防范他们作为大人物的胆大妄为,那么这种不可理喻也使得君主可以防范他自己作为人所受到的诸般诱惑。因为他绝不能指望这些大人物出于其他非自身的理由(raisons),出于那奇怪的荣誉所不了解的动机,进入他的计划。他可以要求得到他们的全力效劳,但决不会得到他们的整个心灵。而如果他想要走过理性(raison)的边界,决意从事一些僭越合法权力的举动,他就会为贵族们的荣誉所遏制,贵族们会用他的法反对他的命令,把后者说成是悖逆的行为。就这样,理性在国家——作为对两种不可理喻的无能为力——和真实——作为两种相互对立的虚假性——中支配了一切。由这一点我们可以判断,荣誉究竟是不是在这个政体里作为**原则**发挥作用,就像贵族和各种中间**实体**在这里作为**性质**发挥作用。我们还

---

① 注意 économie("经济")一词含有"节省"的意思。——译注
② folie,或译"疯狂""荒唐"。——译注

可以判断,荣誉——远远做不到一种普遍的激情①(就像德性在共和政体里应当做到的那样)——究竟是不是某个**等级**的激情,它可以感染别人,就像榜样的作用,但不能与人分享。我们可以读到隐藏在关于刑法的一节中的一小句话,说的是"平民没有任何荣誉可言"(《论法的精神》,第六章,第十节)。平民犯罪理应在身体上遭受刑罚。换作大人物,则需要折磨他的荣誉,也就是他的心灵。对他而言,耻辱就这样代替了车轮刑。

这便是君主政体。君主借助特权阶层,可以防范他自己的僭越。这些阶层借助荣誉,可以防范君主。君主防范人民,人民防范君主,都是借助同一些阶层。一切都取决于贵族。一种权力受它的纯粹本质或者它的属性的节制,要小于受它的那些固定的和既定的社会条件的节制;权力在这些条件中被运用,而这些条件作为障碍和手段,给权力带来了那种缓慢和节制,即权力的全部理性。每个人都走向自身,头脑里只有他自身的绝对地位,而平衡,在仿佛不为任何人所知的情况下,就从这些相互对立的僭越本身中出现了。我们确乎可以把君主政体的理性描述为由各种不可理喻构成的对立状态。既然这种秩序明显地带有孟德斯鸠的偏爱,那么它的结构也就可以说明他的某些选择,特别是他关于人类和理性所形成的那种观念。因为如果他对明智的理性有一种真正的热忱,他就不会再对理想的理性有任何激情。孟德斯鸠有时会说,有理性者(le raison-

---

① 本书中的 général 大多译为"普遍的",有时译为"一般的";而 universel 则译为"普遍的"。此处的 passion générale 和上文(第87页)的 passion universelle 均译为"普遍的激情"。——译注

nable)并非全部理性,好好干不等于干好事。如果说他把共和制的德性捧得那么高,那是因为他相信这种德性总是多少带有天使的特点,超出了人类可及的范围。如果说与这种德性相比,他更偏爱属于君主政体和荣誉的节制,那固然是因为荣誉通过其迂回,成为德性的捷径,但尤其是因为这条捷径所经历的,是由某种条件的性质所产生的一些激情,而不是一种皈依的苦行。他梦想着能在国家中支配一切的那种理性,与其说是活在人们的意识中、人们也靠它来生活的理性,还不如说是背着人们在游戏、同时戏弄着人们的理性。我们看到,君主政体是怎样自然而然地进入了那个已被发现了的伟大的历史法则,即:并非人们的意识创造了历史。但我们也看到,一种如此普遍的观念可以怎样服务于一项如此特殊的事业。因为,基于所有的政治无意识,说孟德斯鸠知道如何选择一种好的政体——君主政体,就并没有什么神秘的了。

三、专制政体

按照孟德斯鸠下定义的顺序,专制政体是最后一种政体。我想指出的是,在他心目中,专制政体是第一位的。这不是根据他的偏爱——他偏爱的显然是君主政体——而是根据他的厌恶;两者其实是一回事。而他的目的,就是要用其没落和吓唬人①的景

---

① 原文为 épouvantail,原指田野里吓唬鸟雀的稻草人。——译注

象来反衬君主政体,从而为它提供不仅是被选择、而且是在其真实的基础上被**重建**的新的理由。

什么是专制政体?不同于共和政体,而类似于君主政体,它是一种**现存的**政体。它是土耳其人、波斯人、日本、中国和大多数亚洲国家的政体。是那些气候严酷的大型国家的政体。那些专制体制的处境已经显示了它们的过度。它是在最炽热的天空下,土地极大量、幅员极广阔的政体。它是极限政体(le gouvernement-limite),也已经是政体的极限。我们立刻会感到,真实国家的例证只是给孟德斯鸠提供了借口。据说在1948年会议期间,一些土耳其听众在听到有人重提那个把专制政体说成是土耳其人体制的大名鼎鼎的提法时,发出了"最激烈最正当的抗议"①。M. 普雷洛严肃地讲述了这一插曲。但我们即便不是土耳其人,也可以怀疑这个人在政治上的异国情调——他的足迹没有超出过威尼斯以及奥地利边界,而他对东方的了解无非是来自他完全知道如何从中做出有利于自己的选择的那些叙述。早在1778年,在一部名为《东方法律学》的令人敬佩的著作中,昂克蒂-迪佩隆(Anquetil-Duperron)就已经把真正的东方和孟德斯鸠的东方神话作了对比。② 但是,专制政体的地理履景一旦被揭露,剩下的

---

① 普雷洛(M. Prélot),《孟德斯鸠与政体形式》(Montesquieu et les forms de gouvernement),《西雷文汇:〈论法的精神〉两百年》(Recueil Sirey: Bi-centenaire de l'Esprit des Lois),第127页。

② Abraham-Hyacinthe Anquetil-Duperron(1731—1805),法国最早的东方学家,《东方法律学:土耳其、波斯和印度斯坦政体的基本原理》(Législation orientale. Principes fondamentaux du gouvernement en Turquie, Perse et l'Indoustan)是他于1778年出版的著作。——译注

就是土耳其人的任何抗议都不可能驳倒的一种**专制政体的观念**了。如果不存在波斯人,一个出生于路易十四时代的法国绅贵(gentilhomme)又怎么会构想出这方面的**观念**呢?

专制政体当然是一种政治**观念**,关于绝对恶的观念,关于政治之为政治(politique comme tel)的极限本身的观念。

事实上,把专制政体定义为"既没有法也没有规则,由独自一人按照自己的意志和各种任性引导一切"①的政体是不够的。因为,只要这样一种体制的**具体**生活没有被再现出来,这个定义就还是肤浅的。事实上,**独自一人**又怎能按照自己的各种任性,真正引导一个有着服从其旨令的众多地区和民族的庞大帝国呢?为了揭示专制政体观念的意义,就必须解释这个悖论。

专制政体的第一个特点在于,它是一种可以说没有**任何结构**的政治体制。既没有政治—法律结构,也没有社会结构。孟德斯鸠有好几处提到专制政体**没有法**②,此话的意思首先应该理解为:它没有**基本法**③。我当然知道,孟德斯鸠提到过一项基本法,要求暴君将一切权力委托给宰相(《论法的精神》,第二章,第五节),但它只是具有一种**政治法**的表象。实际上,这无非是一种有关激情的法、一种心理的法则,它泄露了暴君的愚蠢,以及意想不到的奇迹,让他从自己懒惰的骨子里发现——就像孟德斯鸠提到的那位

---

① 《论法的精神》,第二章,第一节。——译注

② 如《论法的精神》,第六章,第三节:"在专制国家,没有任何法可言。"——译注

③ 《论法的精神》,第二章,第四节:"在专制国家,那里没有任何基本法……"——译注

把管理国家的事务转让给他侄子的教皇(《论法的精神》,第二章,第五节)——人类的统治就是一场儿戏:让一个第三者去统治他们就足够了!这种——将激情非法地转化为政治的——虚假的法,就其奢望而言,意味着**专制政体中的一切政治向来都只能简化为激情**。我们还是没有获得一个结构。我当然知道,在专制政体中还存在着一种基本法的替代品:宗教。事实上,这是唯一的权威,是权威之上的权威,而且在有些情况下,可以节制君主的过分残暴和臣民的恐惧。但它的本质同样是激情性的,因为专制政体中的宗教本身是专制的:它是"加在恐惧之上的恐惧"(《论法的精神》,第五章,第十四节)。

因此,无论在宰相那里,还是在宗教那里,都没有任何与超越人类激情的政治和法律条件构成的秩序相类似的东西。事实上,专制政体不懂得继承法。没有什么能向昨天的臣民指出明天的专制者。就连专制者任意的旨令也不能,因为一次宫廷政变、后宫阴谋或人民起义就可以让它化为泡影。专制政体同样不懂得其他的**政治**法,除了支配着那种奇怪的权力移交的法,这种总是绝对的权力,从君主,经由宰相、总督们和帕夏们,推及至最后一个家长,从王国的一头到另一头,平静地重复着激情的逻辑:一方面是懒惰,另一方面是对统治的嗜好。专制政体同样不懂得**司法**法。法官仅有的法典就是他的脾气,仅有的程序就是他的无耐心。他很少兼听旁问,只管擅作决断,动辄滥施笞刑,斫人头颅。最后,这种奇怪的体制甚至对可以规范交换和贸易的最起码的治安活动都不愿费心。"需求的社会"甚至不受那些可以构成一个超越人们实践生活的市场或经济秩序的无意识法则的支配:不,经济的逻辑构成了逻辑的经济①,它简化为人们的纯激情。**日复一日**,商贩自身生活在恐惧之中,生怕第二天会失去他当天所能积攒的任何剩余之物,他的做法如同卢梭提到的美洲野人,大清早卖掉他刚才用过的床褥,也不考虑晚上天还会黑的……②没有政治或法律的超越性,也就没有过去和未来,专制政体是那个瞬间的体制。

这种暂时性③是——如果我们可以这么说的话——由一切**社会结构**的消失所确保的。在民主制中,官吏们有身份、有财产,甚至相对的富有都受到法的保障。在君主政体中,贵族和僧侣受到对于其特权的承认的保护。专制政体中人与人之间没有区别可言:**极端的平等**支配一切,把所有臣民都贬入同样的**均一性**中(《论法的精神》,第五章,第十四节)。孟德斯鸠说,这里一切人都是平等的,并非因为他们是一切——就像在民主制中那样,而是"因为他们什么也不是"(《论法的精神》,第六章,第二节)。这是因普遍的平均化造成的那些阶层的废除。没有世袭的阶层,没有贵族:对这种嗜血的体制来说,不需要任何倚仗血统的大人物。同样也不需要任何倚仗财产的大人物:暴君不能

---

① 注意 économie("经济")一词的双关用法:和前文(第89页)"荣誉是德性的经济"一样,这里的第二个"经济"含有"节省"的意思。——译注

② "加勒比人的预见力直到今天还停留在这个程度上:他上午卖掉了他的棉褥子,到傍晚又痛哭流涕地去把它买回来,因为他预见不到他夜里还要用它。"见卢梭《论人与人之间不平等的起因和基础》,李平沤译,商务印书馆,2007年,第61页。——译注

③ précarité,也可译为"不确定性";作为法律词汇,指占有的不确定性。——译注

忍受由时间丰富起来的"家族"的连续性,以及在人类社会中许多世代构成的接续和努力。更有甚者,他不能容忍他自己授予某些臣民的任何既定体制内的高贵。因为说到底,真正需要的是一个宰相,以及那些个总督、帕夏和法官!但这种高贵只是临时的,刚给予就收回,乃至烟消云散。它一旦到手,就化为乌有。虽然每个官员都这样掌握着专制者的一切权力,但他们也活在一种被延迟的革职或杀戮中:这就是他们所有的自由,所有的安全!人们可以——孟德斯鸠说——同样地让贱仆当君主,让君主当贱仆(《论法的精神》,第五章,第十九节)。从这种平等主义的荒漠中出现的社会区分仅仅是一种普遍无区分的表象。不过就连那个对于秩序或恐怖是如此必要的实体,即军队,在这种体制中也并没有什么地位可言:它会构成一种对于普遍的不稳定性来说太稳定也太危险的实体。最多只需要一支效忠于君主个人的近卫军,让他闪电般地投掷出去,劈向一颗头颅,然后又被藏进王宫的黑暗里。人与人之间没有区别可言,也丝毫没有类似于社会等级制度或职业分工的雏形、类似于社会世界的组织的东西;在后者那里,对于存在的所有时间,对于世代的生长,通向未来的道路预先就敞开着——在那里,如果你生而高贵,你就能确保自己一生高贵;如果你凭着自己的产业已经有了这个资格,你就能确保自己有生之年成为资产者。一如专制政体不懂得任何政治的、法律的结构和超越性,它也不懂得任何**社会结构**。

这样的安排给这种体制的生活赋予了一种奇怪的步履。这个在巨大空间中支配一切的政体,却几乎没有什么**社会空间**。这种体制——以中国为例,经历了数千年——却几乎失去了一切**绵延**。它的社会空间和政治时间都是中性的、均一的。空间中没有场所,时间中没有绵延。孟德斯鸠说,国王们了解各行省之间存在的**差异**,并尊重这些差异。专制者们不仅不懂得这些差异,而且还将它们消灭。他们支配的只是空洞的均一性,只是虚空——是明天的不确定性、荒凉废弃的土地、方生即死的贸易:他们只是在一些**荒漠**上支配一切。而这荒漠本身,正是专制政体在自己的边境上建立的,通过焚烧土地,甚至是它自己的土地,从而与世隔绝,防范没有别的手段能够帮助自己抵御的那些影响和入侵(《论法的精神》,第九章,第四、六节)。其实,在虚空中根本没有什么抵抗:假如一支外国军队进入帝国腹地,就没有什么东西可以拦阻它,无论是要塞还是兵力——因为就没有这些东西;所以,甚至在外国军队到达边境之前,就必须搞得它精疲力竭,办法便是让它首先面对一片难于脱身的荒漠。专制政体的空间只是这个虚空:专制者自以为统治着一个帝国,其实只是在一片荒漠上支配一切。

至于专制政体的**时间**,则是绵延(durée)的对立面:瞬间。专制政体不仅不懂得任何制度,任何秩序,任何**延续着**(durent)的家族,而且它的行动本身也是**瞬间**爆发的。整个人民都是专制者的镜像。专制者瞬间作出决定。没有反思,没有各种理由的权衡,没有各种论据的斟酌,没有"调和",没有"节制"(《论法的精神》,第三章,第十节)。因为反思需要时间,以及关于未来的某种观念。而专制者关于未来的观念,并不比为吃饭而赚钱的商贩更多,如此而已。他的全部反思都简化为决定,而他那些不稳定的众多官员**重复**着同样盲目的举动,直到最偏远省份的尽头。况且他们又能决定什么呢?他们就像是没有法典的法官。他们不知道暴君的理由,况且后者也没有理由。他们不得不作决定!所以他们可以"像他一样,突然地"(《论法的精神》,第五章,第十六节)作决定。正如他们可以突然地被革职或斩杀。他们始终分享着主人的境遇;而这个主人只能从自己的死亡中看到自己的未来——只要他还没死。

然而,这种抽象直接性的逻辑——它非同寻常地预示了黑格尔的某些批判性主题——也有着某种真理和内容。因为这种体制可以说是残存于**政治的和社会的层面之下**,与后两者的普遍性和恒定性相比,被限制在更低级的阶段,至少过着这一阶段的更低级的生活。而这种生活,仅仅是**直接的**激情的生活。

我们可能还没有足够反思的一点是:构成不同政体**原则**的那些大名鼎鼎的激情并非都有着同样的本质。例如,荣誉就不是一种单纯的激情,或者——如果你愿意这么说的话——不是一种"心理的"激情。荣誉像所有激情那样任性,但它的任性是**有规律的**:它有自己的法和规范。不用费多少力气,就可以让孟德斯鸠承认:君主政体的本质就是不遵从,但那是一种**有规律的**不遵从。因而荣誉,即便在其不妥协中,也是一种经过反思的激情。无论我们怎么希望荣誉是"心理的"、直接的,但它仍然是一种经过社会高度教育的激情,一种有教养的激情,以及——如果我们可以冒险使用这个说法的话——一种**文化的和社会的**激情。

共和政体中德性的情况也一样。它也是一种奇怪的激情;它一点也不直接,而是牺牲人身上固有的欲望,以便把普遍的善作为对象来赋予他。德性被定义为对普遍事物的激情(passion du général)。孟德斯鸠还特意向我们举出那些修道士,他们把内心压抑的特殊激情中的全部热忱,都转移到了所属秩序的普遍性方面。① 因而,和荣誉一样,德性也有自己的规范和法(lois)。或者不如说,它有**自己的法则**(loi),唯一的一项法则:爱祖国。这种对普遍事物的激情(passion de l'universel)②,需要一所普遍的学校,即全部的生活这所学校。对于那个古老的苏格拉底问题——德性是否可教,孟德斯鸠的回答是,它应当是可教的,德性的全部命运就在于被教授。

维持着专制政体的那种激情却不懂得这个应当。恐惧③——既然需要直呼其名——不需要教育,专制政体中的教育"在某种意义上说是等于零的"(《论法的精神》,第四章,第三节)。恐惧既不是一种经过合成或教育的激情,也不是一种社会的激情。它不懂得什么规范和法。这是一种前无经历后无名分的激情:一种处于初生态,而且从它出生时起就永远不会改变任何事情的激情。一种瞬间的、只是自我重复的激情。它是在各种**政治的**激情当中,唯一不是政治的、而是"心理的"激情,因为它是直接的。然而正是它,构成了这种奇怪体制的生活。

如果暴君由于懒惰和厌倦而放弃了执政,那是因为他拒绝做公共的人。那是因为他不愿意追求可以造就政治家的那种权力抗衡的非个人性的秩序。由于意气用事或者心生倦息——尽管被他用一本正经的样子掩盖着——他脱去了公众人物的外衣,把

---

① 见《论法的精神》,第五章,第二节。——译注
② 注意本自然段中两处"对普遍事物的激情",其原文并不相同,参见第90页译注。——译注
③ 特别值得注意的是,孟德斯鸠把霍布斯——这位绝对君主政体的理论家——在一切社会的核心所发现的恐惧,仅仅保留给了专制政体。

它交给第三者,就像一位国王把他的外套交给侍从,然后投身于私人激情的乐趣。专制者无非是一些欲望。所以就有了后宫。**专制者对权力的放弃,便是这种体制的一般形象:这种体制拒绝了政治秩序,任凭只受激情支配的命运的摆布**。于是,如果我们看到同一些动力在组成帝国的所有人当中无休止地重复出现,就没有什么好惊讶的了。最末位的臣民也是专制者,至少对他的妻妾们是如此;但他也是她们的囚徒:他的激情的囚徒。而当他离家在外的时候,也还是他的欲望在驱动着他。这样我们就明白了,在专制政体中,唯一幸存的欲望是对于"生活上的好处"(commodités de la vie)①的欲望。但这并不是一种连续不断的欲望:它没有时间为自己编织未来。所以专制政体的各种激情彼此倾轧。我们可以说,专制政体的动力是恐惧也是欲望。因为它们自己构成了自己的反面,没有未来,就像两个背靠背绑着、被锁链死死固定的人那样没有空隙。而正是这种激情的模型塑造了专制政体的风格。这绵延的缺失,这突发而无可挽回的运动,正是瞬间的、直接的激情的属性,这些激情,就像小孩子想要扔向天空的石头那样,落回到那些人自己头上。如果真像马克思在青年时代的一个比喻中所说的那样,政治是私人的天空②,那我们就可以

---

① 《论法的精神》,第五章,第十七、十八节;第七章,第四节。参考第九章,第六节:专制政体是"特殊利益"支配一切的。

[引文见第五章,第十七节:"但在专制政体下,既无德性又无荣誉,人们所以有所作为,只是因为希望获得生活上的好处而已。"——译注]

② "这种设想并没有**把**政治生活悬在空中,而是政治生活就是**空中的生活**,是市民社会的超越尘世的领域。"见马克思,《黑格尔法哲学批判》,《马克思恩格斯全集》,第3卷,人民出版社,2002年,第99页。——译注

说：专制政体是一个没有天空的世界。

清楚不过的是，孟德斯鸠在专制政体的这个形象里想要表现的东西——**对政治本身的权力的放弃**——与各种东方体制的国家完全是两回事。这个价值判断表明了它自身的悖论。实际上，人们总是想要把专制政体视为某种**并不存在的**体制，是其他体制出现腐化的诱惑和风险，然而同时又想把它视为一种**存在着的**、甚至可以**自己腐化**的体制——尽管原本就是腐化的，但除了这个腐化之外，它也不会再落到别的下场。这大概也是一切受到永罚的极端状态的命运吧：把它逼真地表现出来，以激起人们对它的厌恶，这样做没什么不对。为了维护德性，就要画出撒旦的各种图像。但同样重要的是，要给这种极端状态赋予一切不可能之物的和虚无的特点；要指出它并不是它声称的那样；还要打破在那里出现的善的表象——这些善是人们一旦落到这个下场就必然失去的东西。这就是为什么专制政体的形象，在其作为**观念**被接受和被反驳的时代，要以东方体制的例证为依据的原因。所以还是让土耳其人和中国人清静点吧，以便确定其真实的形象，它的那种危害是用来吓唬人的幌子①。

从孟德斯鸠和他的同时代人那里，我们掌握了足够数量和足够明确的文本，可以指出：只是因为专制政体是一个历史上的影射（allusion），它才是一个地理上的幻象（illusion）。孟德斯鸠怨恨的对象是**绝对君主政体**，即便不是绝对君主政体的某个化身，至少也是期待着这种政体降临的那些诱惑②。我们知道，孟德斯鸠

---

① 原文为 l'épouvantail，见第 91 页注。——译注
② 参见《波斯人信札》第三十七封信。对路易十四的描绘。郁斯贝克：

在信念上属于封建世族中不甘于其阶级在政治上没落的那种右翼反对党,对于从 14 世纪开始取代旧的政治形式而建立的一些新形式发泄不满。费内龙①、布兰维里耶②、圣西蒙③,都是这个党派;直到勃艮第公爵④去世前,这个党派都将其全部希望寄托在他身上,而孟德斯鸠也把他当成了英雄⑤。正因为有了这个党派,

---

"全世界的政体之中,土耳其人的政体,和我们尊严的苏丹的政体,最合他的心意,可见他对于东方的政治是何等重视。"

[译文见孟德斯鸠《波斯人信札》,罗大冈译,人民文学出版社,1958 年,第 60 页。译文有改动。——译注]

① 弗朗索瓦·费内龙(François Fénelon,1651—1715),法国古典主义作家,法兰西科学院院士。曾任王孙勃艮第公爵路易的老师,贡布雷大主教,主张温和的君主政体,著有暗讽路易十四的《忒勒马科历险记》。——译注

② 亨利·布兰维里耶伯爵(Comte de Henri Boulainvilliers,1658—1722),法国历史学家和政论家,著有《法兰西国家》《法国贵族论》等,抨击绝对王权。——译注

③ 圣西蒙公爵(Duc de Saint-Simon,1675—1755),法国政治家和作家,贵族反对派代表,素与路易十四不和,其名著《回忆录》对后者颇有非议。——译注

④ 勃艮第公爵路易(Louis de France,Duc de Bourgogne,1682—1712),法王路易十四的长孙,路易十五的父亲。他曾被老师费内龙寄予政治理想,加以悉心引导,却在(接替死去的父亲)成为王太子仅一年之后,就因守护身患麻疹的爱妻,在后者去世后,亦感染而死。——译注

⑤ "最后这位王太子的死,给王国带来了极大的创痛……尽管我们确乎不晓得其政体方面的所有五花八门的规划,但可以肯定,他怀有世上最伟大的观念。无疑,世间没有什么东西能像专制政体这样让他痛恨。他希望给王国的所有各省恢复国家的地位,像布列塔尼和朗格多克。他希望有枢密顾问,而那些国务秘书[les secretaries d'Etat,或译国务卿——译者按]只是这些枢

才有了关于路易十四苛政的那些最闻名于世的抱怨。农民的穷困、战争的残酷、大臣和地方长官的滥授、宫廷密谋和篡逆,凡此种种都是它控诉的主题。所有这些著名的文本都从它们的反对立场中获得了某种"自由主义的"共鸣,而且我也担心它们会与孟德斯鸠的文本一道,经常出现在关于"自由"的一类文选中,同时不乏某种从理性中获得充分依据的表象,因为这个反对立场以独特的方式参与了反对真正的封建权力的斗争——无论这些文本的说法如何,那种权力都化身为绝对君主政体。但是,激发了这些文本的各种议题与自由之间的关系,差不多相当于复辟①和七月王朝②时期极端保皇党人反对资本主义社会的喧嚣与社会主义之间的关系。孟德斯鸠通过控诉"专制政体"来反对绝对主义政治,与其说是为了捍卫**自由**一般(*la liberté en général*)③,还不如说是为了捍卫封建阶级的种种特殊**自由**(*les libertés particulières*),捍卫它的人身安全、它的永久存在的条件,以及它想——在新的权力机关中——重新获得已被历史剥夺了的地位的奢望。

"专制政体"多半是一幅漫画。但它的目的是要用自身的可怕来进行威吓和感化。这是一种独自一人执政的体制,这个人从不离

密顾问的秘书。他希望把公务开支削减到必要的水平。他希望国王应有一笔像英国那样的王室费(liste civile),用于宫室苑囿的维护,而在战争年代,对这笔王室费也要和其他资产一样征税,因为他说,所有臣民都蒙受战争的损失而君主却没有,这是不公平的。他希望他的宫廷保持淳良的风俗。"[《随笔》(*Spicilège*),第767页。引自巴利埃尔,《孟德斯鸠》,第392页]

① 1814—1830年。——译注
② 1830—1848年。——译注
③ 或译"一般意义的**自由**"。——译注

开深宫,任凭妇人激情和宫廷密谋的摆布———一幅关于凡尔赛和王宫的漫画。这是一个通过他的宰相来执政的暴君———一幅关于大臣①的漫画:除了君主的恩宠,没有任何东西(即便是他的出身)能让他获得这个职位。直至那些被紧急派往外省、拥有无限权力的总督,从他们身上,我们怎能不辨认出在其地盘上肩负国王无限权力的地方长官的滑稽可笑的面具? 我们怎能不猜测,在那种任性的体制中,有着"尊意"体制②的夸张的漫画? 在成为"整个国家(tout l'État)"却没有说出这句话的暴君那里,有着已然说出这句话(即便他还没有完全成为"整个国家")的那位君主的扭曲的回声? 不过我们要根据后果来判断其原因。只要想象一下专制政体中**大人物**和**人民**各自的处境,就足以了解它应当预防的危险。

专制政体的悖论,在于它如此热衷于打击**大人物**,无论他们是什么出身(我们怎能不想到贵族,大人物中最不容易被废黜的部分呢?)③,以至于人民几乎可以从中忽略不计。专制者需要竭尽全力去打败大人物,粉碎他们卷土重来的威胁,结果是,对此一无所知的人民正好可以躲避这场在他们头顶上发生的激烈斗争。在某种意义上,专制政体,就是大人物被打倒在地,而人民却可以

---

① "法兰西最坏的公民就是黎塞留和卢福瓦。"(《随想录》)

[黎塞留,见第73页译注;卢福瓦侯爵(Marquis de Louvois, 1641—1691),路易十四时代的国防大臣。两人都在法国建立绝对君主政体和中央集权的过程中发挥了重要作用。——译注]

② "'尊意'体制"系 le régime du «bon plaisir» 的直译,该短语指法国当时的绝对君主政体。——译注

③ "正如大人物地位的不稳定出自专制政体的性质,其地位的安全也内在于君主政体的性质。"(《论法的精神》,第六章,第二十一节)

在他们的激情或琐事里平静度日。孟德斯鸠说,有时我们看到,因暴雨而泛滥的洪水从山间奔腾而下,沿途冲决一切。然而周围却只是翠绿的草原和吃草的畜群。同样,专制者扫荡了大人物,而人民呢,尽管悲惨可怜,却得到某种和平。① 我同意,这种和平只是**平静**,是在被敌人围困的城市中支配一切的那种平静,既然孟德斯鸠就用这些字眼纠正了它(《论法的精神》,第五章,第十四节),但谁又不是宁愿如此,也不想要大人物的恐怖呢?大人物一直生活在等待打击的"灰暗"中,即便等来的不是死亡。当我们读到这些段落时——它们给人的印象,仿佛是孟德斯鸠说漏了嘴(第十三章,第十二、十五和十九节;第三章,第九节)——会明白这根本不是漫不经心的问题。这完全是**警告**,同时还有提示的意味。教训是明显的:大人物从专制政体中得到的一切都让他恐惧,从恐怖到毁灭。而人民,他们虽说是悲惨可怜,却可以躲避。

可以躲避。但也以其自身的方式充满危险。因为专制政体显示了第二种特权,就是成为**人民革命的体制**②。没有任何别的政体会让人民只受激情的支配,而且老天爷知道,人民是多么容易对激情俯首称臣!人民的这一类激情需要反思的缰绳:在共和政体下要选出显要人物,在君主政体下要找到中间实体。但在专制

---

① "历史告诉我们,多米先可怖的残酷,使帕夏们非常畏惧,因而在他治下的人民的生机略略得到了恢复。这正像洪水毁坏了河岸的一边,而在另一边却留下了田野,远处还可望见一些草原。"(《论法的精神》,第三章,第九节)——译注

② 《论法的精神》,第五章,第十一节;参考第六章,第二节:在专制政体下"一切事情都可能骤然地导致不可预见的革命"。

政体中,激情支配一切,没有任何法律的或社会的秩序使人民敬服,又怎么来束缚他们的本能呢?当激情占统治地位时,人民,本身就是激情的人民,总会以胜利告终。即使这胜利只有一天。但这一天足以摧毁一切。无论如何也足以在革命的动荡中推翻暴君。我们可以在《论法的精神》第五章第十一节里非常清楚地读到这一切。①而且我们很难不从中看到**第二条教训**,这一次不再是针对**大人物**提出的,而是针对**暴君**,或者推而广之,是针对那些**受到专制政体诱惑的现代君主**(*monarques modernes*)。这第二条教训明确指出:专制政体是通向人民革命的必由之路。**君主们**(*Princes*),**如果你们想保住王位不被人民的暴力推翻,就要防止专制政体**!

---

① "君主制政体比专制政体有一个很大的优点。依照君主政体的性质,在君主之下,有许多阶层,而这些阶层与政制唇齿相依,所以国家比较稳定,政制比较巩固,统治者的人身比较安全。

"西塞罗认为罗马设立护民官保全了共和政体。他说:'事实上,人民若无首领,他们的力量是更可怕的。一个首领感到诸事取决于他自己,他就会思考;但是人民狂热起来,却完全不知自己投身的险境。' 这一思考可以适用于专制国家,专制国家就是一群没有护民官的人民;也可以适用于君主政体,那里的人民在某种方式上是有护民官的。

"事实上,我们到处看到,当专制政体发生骚动时,为自身所驱动的人民总是让事情发展到尽可能严重的地步。他们引起的一切混乱都是极端的。但在君主政体下,事情很少会发展过头。首领们为自己着想是有所恐惧的,他们怕被抛弃;那些中间的、依附的力量不愿意人民太占上风……

"因此,在我们的全部历史上,充满了内战,却没有革命;在专制国家的历史上,却充满了革命,而没有内战……

"在国家的基本法下生活的君主(*les monarques*)……总要比专制君主(*les princes despotiques*)幸福,后者没有任何东西可以制约他的人民的内心和他自己的内心。"

这两条教训合起来构成了**第三条**：如果君主热衷于打击**大人物**，大人物会因此丢掉他们的地位或生命。但是，在这么做的时候，君主也会为人民开辟道路，人民会转而反对他，那时没有什么能保护他免于人民的暴动：他会因此丢掉王冠和生命。**因此，要让君主明白，他需要大人物提供的堡垒，来抵御人民，保卫他的王冠和生命！**这就是完全出自理性、出自利益交换的、好的联盟的基础。最终只有承认贵族，才能保全王位。

　　这就是专制政体。一种**现存的体制**，当然，同时也首先是这个时代的另一体制——君主政体——时刻面临着的一种**现存的威胁**。一种现存的体制，当然，同时也首先是一种政治上的教训，一种对于受绝对权力诱惑的国王的明确警告。我们看到，在其互不关联的表象下，原先的列举掩盖了一个隐秘的选择。当然，的确有**三种类型的政体**。但其中之一——共和政体——只不过存在于历史的记忆中。剩下的是君主政体和专制政体。但专制政体无非是被滥用的、变质的君主政体。因而剩下的就只有君主政体了，而且必须防止它进入险境。**现**时代就是这样。

　　但我们会问，**未来**又如何？在大名鼎鼎的第十一章第六节里，孟德斯鸠作为理想提出的那种**英格兰政制**①又是怎么回事？这难道不是推翻了之前所有教训的一种新模型吗？我想表明，事实绝非如此，而且，对于那个关于**分权**的著名论辩来说，君主政体和专制政体的理论逻辑即便不是构成了其全部意义，至少也是构成了其重要意义之一。

---

① 即《论法的精神》，第十一章，第六节，"英格兰政制"。——译注

第五章
分权的神话

Le mythe de la séparation des pouvoirs

这段文本大名鼎鼎。谁不知道这套理论呢？它要求在任何好的政体中都严格区分**立法**、**行政**和**司法**。为了从这种**分立**中得到**宽和**、**安全**和**自由**的诸多好处，就要确保每一种权力的**独立**。这的确有可能就是在前十章以后被构思出来的第十一章的秘密，是英国革命给了孟德斯鸠这个灵感，他在那里，在1729—1730年逗留期间，有可能发现了一种彻头彻尾的新体制，其全部目的就在于**自由**。在第十一章之前，孟德斯鸠有可能提出了一种**古典的**理论，区分了不同的政治形式，描述了它们特有的经济学①和动力学。然后，他有可能抛开了没有激情的历史学家的面具，甚至——如果可以相信这一点的话——抛开了有党派的绅贵的面具，从而向公众提出了这样的理想：一个国家的人民拥有两院，即第三等级的议会，和选出的法官们。由此，在一些人看来，孟德斯鸠最终可能触及了政治之为政治的领域，在一种关于权力的平衡的理论中表现出他的天才，让这些权力得到了很好的安排，以至于权力成为权力的限度本身，这样就一劳永逸地解决了那个完全可以概括为权力的**运用**和**滥用**的政治难题。但在另一些人看来，他可能触及了一些属于**未来**的政治难题②，这些难题与其说属于

---

① économie，见第75页译注。作为科学描述的不同方法或模型，"经济学"常与"动力学"并举。——译注

② 普雷洛，前引，第123、129页及以下。

一般意义的君主政体,还不如说属于代议制和议会制政体。后续的时代可以为这种解释充当担保。难道我们不是看到整个世纪都在孟德斯鸠那里寻找论据,来撼动君主制秩序,来证明高等法院,乃至召集全国三级会议的正当性吗?世纪末的美国宪法和1791年的[法国]宪法本身,更不用说1795年和1848年宪法,难道不是都在它们的理由和安排中,将孟德斯鸠所要求的分权原则奉为圭臬吗?这两个主题:权力的本质和权力的平衡,它们难道不仍然是当今的主题,并且总是通过孟德斯鸠所确立的那些字眼被重提、被争辩的吗?

我希望使人相信这在最大程度上是一种历史的幻象,并且会提供这方面的理由。我为此目的首先要谈的所有东西,都应当归功于法学家夏尔·艾森曼(*Charles Eisenmann*)的文章①。在从中延伸出结论之前,我想先复述这些文章的要点。

艾森曼的论点是,孟德斯鸠的理论,尤其是大名鼎鼎的关于英格兰政制的章节,孕育了一个名副其实的**神话:分权的神话**。尤其在19世纪末20世纪初,有一整个法学家学派,以孟德斯鸠的一些互不相关的提法为借口,把他塞进一个**纯属想象的**理论模型。这样,孟德斯鸠的政治理想就与一种体制相吻合,在那里,这种**分权**得到了严格的保证。应当有三种权力:行政(国王、他的大

---

① 尤其参见:艾森曼《〈论法的精神〉与分权》(*L'Esprit des Lois et la séparation des pouvoirs*),《卡雷·德·马尔贝纪念文集》(*Mélanges Carré de Malberg*,巴黎,1933年),第190页以下;《孟德斯鸠的宪法思想》(*La pensée constitutionnelle de Montesquieu*),《西雷文汇》,前引,第133—160页。

[夏尔·艾森曼(Charles Eisenmann,1903—1980),法国法学家。——译注]

臣)、立法(下院和上院)和司法(全体官吏①)。每种权力都可以非常精确地涵盖各自的领域,也就是说,涵盖各自的功能,没有任何互相干扰。每个领域里的每种权力,都可以得到一种与其他机关严格有别的机关的保证。不仅不能想象行政对立法或司法的任何侵犯,或任何其他同样性质的相互侵犯,而且某一机关的任何组成成员也不能再属于别的机关。例如,不仅行政不能通过提出法案来干预立法,或通过施压干预司法,等等;不仅任何大臣不能对立法负责;而且立法机关的任何成员也不能以个人名义承担行政和司法功能,也就是说,成为大臣或官吏,等等。这个逻辑始终活跃在某些人的头脑中,至于它的细节,我就姑且放在一边吧。

艾森曼的第一个大胆之处,在于表明这个著名的理论**在孟德斯鸠那里完全是不存在的**。仔细阅读他的文本就足以发现,实际上:

1. 行政侵犯到立法,因为国王拥有**否决的权利**(*droit de veto*)。②

2. 立法可以在某种程度上对行政行使监督的权利,因为它要监控它所表决通过的法的实施情况,并且,虽然不存在对议会的"内阁职责"的问题,却可以要求大臣作施政报告。③

3. 立法严重地侵犯到司法,因为,在三种特殊情况下,它以法庭自居:在任何事项上,贵族要由上院的同等地位的人来审

---

① magistrate(s)在本书中统一译为"官吏",指有裁决权的官员和法官。——译注

② "行政权(La puissance exécutrice)……通过它的反对权来参与立法……"(《论法的精神》,第十一章,第六节)

③ 立法权(La puissance législative)"有权并且应当有能力检查它所制定的法的施行情况";大臣们应当"报告他们的行政工作"(《论法的精神》,第十一章,第六节)。

判,因为必须保护贵族的尊严,避免它与平民官吏的成见发生任何接触①;在赦免事项上②;以及在政治案件的事项上,受到下院的控告时,这类案件要被移送上院的法庭③。

我们看不出怎样把权力的这类如此重大的相互干扰与**分权**的所谓纯粹状态调和起来。

艾森曼的第二个大胆之处在于表明,其实在孟德斯鸠那里,重要的并不是**分权**,而是权力的**联合**、**融合**和**联络**④。这一论证的

---

① "大人物总是遭人忌妒;而且,他们如果由人民来审判,就可能陷于危险的境地,而无法享有一个自由国家最渺小的公民所拥有的特权,即由同等地位的人来审判。因此,贵族不应该被传唤到国家的普通法庭,而应该被传唤到立法团体中由贵族组成的那个部分去受审。"(第十一章,第六节)

② "有时会发生这样的情况,就是法……在某些案情中可能过于严厉。……所以……我们刚刚提到的立法团体中的那个部分,在另一场合是一个必要的法庭,在这里更是如此;需要借助它的至高无上的权威,为了法本身的利益,让法变得宽和。"(第十一章,第六节)

③ "有时还会发生这样的情况,就是某些公民在公共事务上侵害了人民的权利……一般来说,立法权不能审判;在这种特殊的案情里,它代表着作为人民的当事人一方,就更不能审判了;因此,它只能做原告。但它要向谁提出控告呢?它要屈尊向国王的法院提出控告吗?——法院是它的下级,而且组成人员和它一样是来自人民,所以会被一个如此高贵的原告的权威牵着鼻子走的。不:为了维护人民的尊严和个人的安全,立法机关中由人民组成的部分应向立法机关中由贵族组成的部分提出控告,后者与前者既无相同的利益,也无相同的激情。"(第十一章,第六节)

④ "立法团体由两部分组成,它们通过相互的反对权彼此钳制,二者全都受行政权的约束,行政权又受立法权的约束。"(第十一章,第六节)"三权的分配和交融……"(第十一章,第七节)

要点在于首先必须明白,司法权并不是一种确切意义上的权力。孟德斯鸠说,这种权力是**看不见、近乎不存在的**。① 实际上,在他看来,法官只不过是一个视点、一种声音。这样一个人的全部功能就在于读法、说法。② 我们可以对这个解释提出异议,但起码得承认,在某些事项上,法官有可能并不是什么有生命的法典,在那里,孟德斯鸠刻意规定的各种保障已不再是法律的,而是**政治的**:例如,只要看看是谁在审判贵族的违法乱纪、审判那些政治案件就足够了! 这些预防措施一旦引入,就会把司法可能从政治后果中获得的东西转交给确切意义上的政治机关,而留给司法的东西就的确是"近乎不存在的"了。于是我们面对的只有**两种权力**(pouvoirs):行政与立法。如果重新起用孟德斯鸠本人的一个字眼,就是有两种权力,却有三种**力量**(puissances)。③ 这三种**力量**是

---

① "在我们谈到的三种权力(puissances)中,审判权以某种方式看是不存在的。"(第十一章,第六节)

[正文"看不见、近乎不存在的(invisible et comme nul)"的说法,应出自第十一章,第六节:"这样一来,如此让人们惧怕的审判权(la puissance de juger),既不专属于某一特定等级,也不专属于某一特定职业,可以说成了看不见、不存在的(invisible et nul)。"——译注]

② "国家的法官只不过是法的代言人,是没有生命的物,并不能让法的力量与严厉变得宽和。"(第十一章,第六节)

③ 参见第十一章第六节关于威尼斯的原文。

[这段原文为:"因此,在威尼斯,大议会掌握立法,元老团掌握行政,四十人会掌握审判权(le pouvoir de juger)。但缺点是,这些不同的法庭都是由同一集团的官吏组成;这几乎就形成了同一种力量(puissance)。"实际上,在《论法的精神》原文中,谈到"三种权力"时,孟德斯鸠一般用 pouvoir,有时用 puissance;具体说到"立法权""行政权""司法权"(或"审判权")时,则一般都用

国王、上院和下院。也就是国王、贵族和"人民"。在这里,艾森曼以非常令人信服的方式表明,孟德斯鸠的真正对象恰恰是这三种力量的**联合**与**联络**。①要解决的首先是各种力量对比(rapports de forces)②的**政治**难题,而不是关乎合法性及其各领域如何定义的**法律**难题。

这样一来,著名的**宽和**政体的难题就变得明朗了。真正的宽和,既不是严格的**分权**,也不是**在法律上**对合法性的关注与遵守。例如,在威尼斯,的确有三种权力和三种不同的机关;但"缺点"在于这三种机关"都是由同一集团的官吏组成;这几乎就形成同一种力量"(《论法的精神》,第十一章,第六节)。你尽可以这样大谈:专制政体就是独自一人执政的体制,既没有规则也没有法,或者专制者可以出现在任何一个欺公罔法、滥用权力的君主或大臣的身上。这其实并不是问题所在,因为我们知道有这样一些体制,在那里,专制政体甚至可以打着法的幌子支配一切,而孟德斯鸠说过,那是最坏的暴政③。**宽和**完全是另一回事:它不是单纯对

---

puissance,偶尔用 pouvoir(但阿尔都塞只用 pouvoir);"分权"则一律为 séparation des pouvoirs。可见他对两者是混用的。阿尔都塞在这里借上述原文,有意区别了两者,为此,我们统一将 pouvoir 译为权力,将 puissance 译为"力量"(注释中的孟德斯鸠引文除外)。——译注]

① 艾森曼,前引,第 154 页以下。

② 相比政治意义上的"pouvoir(权力)"和"puissance(力量)","force"一词的意义更抽象,在本书中一般译为"力",但有时按汉语表达习惯译为"力量",并用括号注出原文。——译注

③ "再没有比打着法的幌子、装出正义的样子所实行的暴政更残酷的暴政了。"(《罗马盛衰原因论》,第十四章)

合法性的遵守，它是权力的平衡，也就是**在各种力量之间作权力分割**，是用另一些力量的**权力**对某一种**力量**的奢望加以限制，或让它变得宽和。因此，著名的**分权**就不过是在各种确定力量——国王、贵族、"人民"——之间作冷静的权力分割。

我想我对专制政体表述过的那些意见可以帮助我们比这些确切的结论走得更远。因为上述说明本身就提出了一个问题：**作这种分割对谁有利？**如果只满足于在**分权**的神话外表下去揭示不同政治力量(forces)之间权力分割的真实运作，我觉得，我们就很可能助长那样的幻象：好像有一种**自然的**分割，它是理所当然的，并且显而易见地符合某种公正性。我们从权力转到了力量。其中各项改变了吗？难题仍是相同的：从来只不过是关于平衡和分割。这就是我想要揭露的最终的神话。

要能让人明白这种分割及其潜在想法的意义，办法在于：一旦我们正确地理解了在孟德斯鸠那里重要的是**力量的联合而非分权**，就要考察一下，在一种权力对另一种权力的一切可能的侵犯当中，在各种权力相互间的一切可能的联合当中，哪些是被绝**对排除了的侵犯和联合**。而我看到了其中的两种，它们是最重要的。

第一种被排除了的联合是立法能够篡夺行政的权力；这就会自动并立即导致君主政体沦落为人民的专制政体。① 但**反之则不然**。孟德斯鸠承认，即便国王除行政权之外，还掌握了立法权，君

---

① "如果立法权参与行政，行政权将会……失去。"（第十一章，第六节）
"如果没有君主，而把行政权委托给从立法团体遴选出来的一些人，自由便不复存在了。"（第十一章，第六节）

主政体也能继续存在下去,甚至保持其宽和。① 但要是让人民成了君主,一切都会失去。

第二种被排除了的联合更是大名鼎鼎,但依我看,它被当成是太显而易见的事情,因而没有得到深入的理解。它关系到司法被行政把持,被国王把持。孟德斯鸠明确讲:**这种安排足以使君主政体堕落为专制政体**。如果国王亲自审判……"政制将会被破坏,依附的中间权力将会被消灭"(《论法的精神》,第六章,第五节),而孟德斯鸠在后两页引用的例子是关于路易十三的,后者想要亲自审判一位绅贵(《论法的精神》,第六章,第五节)。只要比较一下这项排除和它的理由(如果国王来审判,中间实体就要被消灭),即一方面的安排是应把贵族传唤到只属于同等地位的人的法庭,另一方面的不幸则是要由专制者为**大人物**保留其特权②,那么,我们就足以发现,**这项剥夺国王审判权的特别条款首先对于保护贵族**对抗君主在政治和法律上的专断**具有重要性**,而专制政体再一次——孟德斯鸠以此威胁我们——意味着一种非常明确地首先把矛头**对准贵族**的政治。

如果我们允许自己现在回过头来,看看那个著名的各种力量(puissances)的平衡,我想我们已经能够回答这个问题:**进行这种分割对谁有益**?如果考虑的不再是被引入孟德斯鸠的联合当中

---

① "在我们所知的君主政体中,君主有行政权和立法权,至少是一部分立法权,但他是不审判的。"(第十一章,第十一节)"在欧洲大多数王国,政体是宽和的,因为有了两种权力的君主把第三种留给他的臣民去行使。"(第十一章,第六节)

② 指获得特赦的权利,参见《论法的精神》,第六章,第五节。

的各种力，而是在他那个时代真实存在着的各种力，我们就必定会看到，**贵族从他的计划里获取了两大好处**：它作为一个阶级，直接成为一种在上院被承认的**政治力量**（force）；同时根据把审判的行使排除于王权之外的条款，也根据——当一些贵族卷入诉讼时——把这种权力保留给上院的其他条款，它也成为这样一个阶级，其成员个人的未来、社会地位、特权和礼遇获得保障，**免受国王和人民的侵害**。其结果，贵族在他们的生命、家庭和财产上，都可以躲避无论来自国王还是来自人民的冲击。对于一个已经被历史拔除、褫夺了种种旧特权的没落阶级而言，我们不可能有更好的办法，来保障其永久存在的条件了。

可以和这些保证相交换的，是另一个保证，但这一次是**适用于国王的**。保证君主可以在**贵族提供的社会和政治堡垒**的保护下，抵御人民革命。保证他不会落到被抛弃的专制者的处境，独自一人，面对人民和他们的激情。如果国王允许自己汲取专制政体的教训，他就会明白**他的未来与贵族等价**。

这个贵族不仅可以充当"人民"的制衡器——因为它通过与大多数人在数量和利益上不成比例①的代表制，可以在立法中与人民的代表制相平衡——而且，这个贵族，通过它的存在、特权、荣耀、奢华，乃至慷慨大度，可以在具体的生活中日复一日地教导人民高贵者如何令人尊敬，在这个国家里如何存在一套结构，他们如何远离对权力的激情，在君主政体平淡无奇的空间里，社会地位的距离和政治行动的绵延如何需要漫长的努力：总之千方百计永远阻绝一切妄图颠覆的念头。

---

① "比例"一词原文为 proportion，法文版误植为 proposition。——译注

从这一切当中,我看不到有什么东西偏离了一位谈论君主政体和专制政体的理论家的基本灵感。当然,在许多方面,这种**未来的体制**①都与同时代欧洲的那些君主政体不同。后者仍然受到它们的起源的影响,它们的简陋的政制仍然是原始的:它们难以武装起来,与威胁着它们的专制政体的危险作斗争,并且去解决现代世界的复杂难题。但我们可以说,它们本身,在它们的政治和社会结构中,包含了满足这一要求所必需的一切。**人民**的代表制本身似乎与他过去的一切立场相抵触,并且让人相信孟德斯鸠在内心是个共和党,站在第三等级一边,但它是符合君主政体的**精神**的。读一下第十一章——就是在第六节谈论英格兰政制的那一章——的第八节:在那里我们可以看到在一个属于君主政体的民族中产生**代表**的原则,这种原则,和产生贵族实体的原则一样,是古代人完全不懂的,属于"哥特式"政体——"人们当时能够想象到的最好的政体类型"(《论法的精神》,第十一章,第八节)——的起源本身。这就是为什么孟德斯鸠在谈到这种似乎是寄望于未来的政体时,会说英国人已经在他们过去的"森林中"发现了它(《论法的精神》,第十一章,第六节)。②

因而,对英格兰政制的分析实质上与对君主政体和专制政体的考察殊途同归,也与他——作为那些空谈社会契约的理论家

---

① 普雷洛,前引,第 123 页。

② "试读塔西陀的伟大著作《日耳曼人的风俗》,我们就会发现,英国人是从日耳曼人那里得出他们的政体观念的。这种美好的制度是在森林中被发现的。"——译注

(doctrinaires du contrat social)①的对手——提出其理论原则的某些理由殊途同归:同归于**孟德斯鸠的政治选择**。

这种政治选择可以被两个理由掩盖起来。首先是孟德斯鸠的反思方式,他的政治分析所具有的法律纯粹性和抽象性。我想我通过稍微仔细一点的考察,已经表明孟德斯鸠的法律主义(juridisme)本身就以它的方式表达着他的党见(parti pris)②。但这个选择同样可以被历史——把我们与孟德斯鸠隔开的历史,以及孟德斯鸠生活过的历史——所遮蔽。若要真正理解这种选择,就必须按照它的本来面目,在孟德斯鸠生活过的历史中把握它:他自认为生活在这个历史中,但这个历史也在他的背后上演。

---

① 参见第24页译注。——译注
② 参见第5页译注。——译注

第六章
孟德斯鸠的党见
Le parti pris de Montesquieu

我们现在的确取得了一些进步。从分权到彼此分割权力的各种力量的平衡。以及从这种表面的平衡到企图通过平衡在各种力量中重建一种力量——贵族,并使它变得神圣不可侵犯。但是,我们还没有走出孟德斯鸠。

通过这一考察,我们得以从台前走向幕后,从作者表面的理由走向他真实的理由。但在这样做的时候,我们又迎合了他的理由,接受了他向我们提出的角色分配,没有作任何改变。请看艾森曼:他确乎意识到,难题不是法律的,而是政治的和社会的。但恰恰是在列举那些彼此对立的社会力量(forces)①时,他又找回了孟德斯鸠的三种力:国王、贵族、资产阶级,并没有走得更远。况且,这个三分法也非孟德斯鸠所独有,这是整个世纪的三分法,属于伏尔泰、爱尔维修、狄德罗、孔多塞,属于一个悠久的传统,一直延续到19世纪,也许至今也没有完全死去。这种信念如此明显,这种显而易见又如此普遍,以至于18世纪的任何一个党派,甚至到大革命开始后,都没有想到去破除它,那么我们是否就应当永远接受它呢?我们是否就能够这样毫不迟疑地进入孟德斯鸠和他那个世纪的范畴中呢?是否就能够无须争辩地确定:他已经非常精确地**区分了那些力量**(不是根据它们的联合,而是根据它们的**定义**),而且是按照它们的"自然关联"把它们分开的?

---

① 参见第116页译注。——译注

我这么说的意思是,我们应当向自己提出一个非常简单的问题,但它有可能把一切都推翻:18 **世纪的人们用以思考他们所生活的历史的那些范畴,是否符合历史的现实**?特别是,那种如此明晰的关于三种力量的区分,是否有充分的根据?国王当真是一种与贵族和资产阶级有同等意义的力量吗?国王是一种固有的、自主的力量吗?这种力量——既不是就其个人而言,也不是就其权力而言,而是在其**角色和功能**方面——是否足以区别于另外两者,以至于人们当真可以拿它与另外两者相权衡,骗它入彀或者向它妥协吗?而"资产阶级"自身,那些或穿长袍礼服①,或做买卖金融的显要人物,**在那个时期**,是否已然成为贵族及其对立面的对手,以至于人们已经可以在孟德斯鸠为其让出地盘的下院里,觉察到一场将在大革命中庆祝凯旋的战斗所赢得的最初的理论胜利?提出这些问题,就是要质疑 18 世纪人们的那些信念本身,并且提出关于**绝对君主政体**和**资产阶级**两方面在孟德斯鸠生活和思考的历史阶段的性质这一棘手的难题。

然而不能不看到,有一种观念在 18 世纪所有政治文献中占据着统治地位:这种观念认为,绝对君主政体是为了**对抗贵族**而建立起来的,而国王依靠**平民**来抗衡他的封建对手的力量,迫使后者就范。**日耳曼主义者**和**罗马主义者**②关于封建制和绝对君主

---

① 原文是 la robe,长袍或礼服,指代教士、法官、律师、教授等职业。——译注

② les germanistes 和 les romanistes,或译"日耳曼法派"和"罗马法派",系 18 世纪中期关于法国君主政体起源问题形成的相互对立的两派,一派认为这种政体起源于日耳曼法,另一派则认为起源于罗马法。——译注

政体两者起源的大辩论,就是在这一普遍信念的背景上展开的。我们在《论法的精神》的很多段落中①都能发现这个辩论的回声;在人们不常读的最后三章里也是如此——那里的所有内容都是为它服务的,而我们读后就可以清楚地看到孟德斯鸠把自己归在哪个党派。一方是**日耳曼主义者**(圣西蒙、布兰维里耶和孟德斯鸠,后者学识更广博,见解更精微,但立场却同样坚定),他们带着乡愁,缅怀**原始**君主政体的时代:一位由贵族们选出的国王,同等地位人中的一员,就像起初在日耳曼"森林"中发生的那样;他们用它来反对那个变得**绝对**的君主政体:一位与大人物斗争、牺牲大人物的利益以便在平民中获得助手和盟友的国王②。另一方是**体现资产阶级**精神的绝对主义党派,**罗马主义者**(度波长老③,"对贵族的诅咒"[《论法的精神》,第三十章,第十节]的那位始作俑者,《论法的精神》最后几章的靶子),以及百科全书派,他们称颂路易十四或者**开明专制者**所代表的君主的理想,这种君主懂得宁可承认勤劳的**资产阶级**的价值和名分,也不满足封建主陈腐的奢望。这些党见势同水火,论据却是相同的。然而我们有理由要问:这种让国王与贵族相对立的基本冲突,这种造成绝对君主政

---

① 《论法的精神》,第六章,第十八节;第十章,第三节;第十一章,第七、九节;第十四章,第十四节;第十七章,第五节;第十八章,第二十二节,等等。

② 《论法的精神》,第三十一章,第二十一节。柔懦路易(Louis le Débonnaire):"他完全丧失对贵族的信任,提拔了一些微不足道的人。他剥夺贵族的职位,把他们赶出王宫,任命了一些外人……"

③ 让-巴蒂斯特·度波长老(Abbé Jean-Baptiste Dubos,1670—1742),法国历史学家、美学家,法兰西科学院终身秘书,著有《法兰西君主政体在高卢的建立》等。他敌视贵族,是"第三等级的捍卫者"。——译注

体和资产阶级共同反对封建主的所谓联盟,是否**掩盖了历史上真实的力量对比**。

我们不应否认,同一时代的人们在**思考**自身历史的同时,也在历史中**生活**;而他们的思考仍然在寻找着科学的标准,缺乏必要的距离使思考成为对生活的**批判**。在思考一段其深层动力已被他们遗忘的历史时,人们会很容易将思考限制**在**他们历史生活**的直接范畴上**,往往把政治意图当成现实本身,把表面的冲突当成事情的实质。在这里,历史与感知到的世界并无太大的不同。人人都可以在历史中直接而明显地"看到"一些"形式"、"结构"、人群、倾向和冲突。孟德斯鸠在他的著名论点中,就求助于这种显而易见:"有三种政体:……最无学识的人所拥有的观念,也足以发现它们的性质。"(《论法的精神》,第二章,第一节)正是这种显而易见,让我们看到国王的无限权力、听命于宫廷或安于在领地上享受那份可怜的政治特权的贵族、拥有无限权力而又讨厌的地方长官、平民暴发户。只要睁开双眼,就足以感知到这些**事实**,正如只要睁开双眼看世界,就足以直接感知到一些形式、对象、群体和运动:这种显而易见不需要认识,却能以认识自居,并自以为**理解**了它仅仅是**感知**到的东西。然而,至少需要有一门**科学**的诸要素,来真正理解这些显而易见之物的深层性质,把深层的结构与矛盾同表面的结构与矛盾区别开来,把真实的运动同表象的运动区别开来。每个时期的人都在用一些直接的概念对他们所生活的历史进行思考;如果没有一种对这些直接概念的**批判**,我们就会停留在对历史的真正认识的门槛外,继续沦为历史在人们头脑里——人们也生活在历史中——产生出来的种种幻象的俘虏。

我认为，为了阐明这个时代的意识形态难题，的确有必要利用历史研究的最新成果，重新审视关于绝对君主政体、它"与资产阶级的联盟"以及这个资产阶级自身性质的公认的观念。

我只能满足于作一些非常简略的提示。不过我想说，今天看来几乎可以确定的是，研究 17 世纪乃至 18 世纪（至少是 18 世纪上半叶）的历史学家所面临的最大危险，就在于把后世资产阶级——那个从事革命并且从革命中产生的资产阶级的形象，投射到这个时代的"资产阶级"身上。真正的现代资产阶级，自下而上彻底撼动了先前的经济和社会秩序的资产阶级，是依靠大生产经济，全心全意追求赢利，随后又把它重新投入到生产中去的**工业资产阶级**。但就其一般情况而言，这个资产阶级在 18 世纪还并不为人所知。那个阶段的资产阶级完全是另一回事：它的最先进的成分也主要依赖于**商业经济**。工业经济是在一定时期内从积累中产生的，而商业经济也构成了积累的一个时期，人们从这一点出发最常得到的结论是商业经济在原则上与封建社会互不相干。没有什么比这更可疑的了。因为只要看到这种商业经济当时是在什么方向上起作用的，我们就足以做出结论：它是封建体系本身的一个被充分整合了的部件：重商主义正是进行这种整合的政策和理论。任何在当时看似处于领军地位的经济活动（贸易，手工工场），实际上都效力于国家机器，服从于国家机器的赢利和需要。① 手工工场的建立，首先是为了向宫廷提供奢侈品，向

---

① "（君主政体下）法应该促进这种政体的政制可以允许的一切贸易，以便让臣民无需牺牲性命，就能满足君主和他的宫廷永无止境的需要。"（《论法的精神》，第五章，第九节）

军队提供武器装备，以及向王室贸易提供出口物资，其赢利返还国库。大型航运公司的创办，首先为了将海外的香料和贵金属带回国内，而这或多或少又总是为了王室经营的收益。**因此**，在其结构中，**这个时代的经济回环就像被导向它的目的地那样被导向了国家机器**。而这一导向对应的方面，就是那些时不时给这类经济运作带来活力的"资产者"，**并不具有其他经济的和个人的前景，可以超出这个国家机器所服务的封建秩序**：富起来的商人，除了**一些罕见的例外**，都不是把收益投资到私人生产中，而是投资到**地产上**——他购买地产是为了由此获得头衔，跻身于贵族；或者是投资到某些作为行政机关公务人员的**官职上**——他购买官职是为了享有比如一笔年金那样的进项；再就是投资到**国债上**，这可以确保他获得巨额赢利。因而，经商致富的"资产者"的目的，就在于**要么通过购买地产或者资助某个被他娶了女儿的家庭，直接进入贵族社会，要么通过袍服**①**和官职直接进入国家机器，要么通过年金进入国家机器的赢利**。正是这种情况，使这个暴发的"资产阶级"在封建国家中获得了一种如此特殊的处境：它宁愿在贵族中占据一席之地，也不去与之斗争；而且，因为想要进入它似乎是在与之斗争的这个阶层，它对这个阶层的维持和撼动至少是半斤八两：它的经济活动和个人历史的整个回环当时仍然被收纳**在封建国家的限度和结构之内**。

这一点确定下来，显然就推翻了关于绝对君主政体与资产阶级之间联盟的传统图式，以及关于**绝对君主政体**的公认的观念。那么就必须要问，即便在当时让它和贵族相对立的各种冲突中，

---

① la robe，参见第 126 页译注。——译注

绝对君主政体的性质和功能究竟是什么。

迄今为止,人们对这个问题作出过两种回答。两者都放弃了那种——根据专制者的滑稽可笑的漫画——把国王塑造成封建主死敌的观念,并代之以另一种观念,也就是认为这个历史阶段的基本冲突并不是让国王与封建主相对立,而是让封建主与上升中的"资产阶级"或人民相对立。但这种一致也就到此为止。

因为第一种解释在这个冲突中看到了绝对君主政体的起源和机遇。两个对抗的阶级,哪一方都无力战胜另一方,它们的对垒和被迫达到的平衡,它们的斗争使整个社会陷入的危害,都给国王提供了机遇,让他以双方竞争仲裁人的身份高踞于它们之上,并且从它们各自被反对力量所阻碍或威胁的力量中获得了他全部的力。① 正是这种例外的处境,可以让我们理解国王为什么能够玩弄一个阶级以反对另一个阶级,并且,在他让任何一个阶级占了便宜的同时,能够维系住另一个阶级的希望。这就解释了为什么18**世纪的所有党派**都在争夺国王,不论是那些希望看到国王回归其制度的起源并将权利还给贵族的人,还是那些指望国王的**启蒙**可以帮助资产阶级理性战胜特权与专断的人。为右翼

---

① 参见马克思本人著作(《德意志意识形态》)中的一段文字,有关孟德斯鸠仍然(在1845年)倾向于被赋予这样的意义:"例如,在某一国家的某个时期,王权、贵族和资产阶级为争夺统治而争斗,因而,在那里统治是分享的,那里占统治地位的思想就会是关于分权的学说,于是分权就被宣布为'永恒的规律'。"

[中译文见《马克思恩格斯选集》,第1卷,人民出版社,1995年,第99页。另,关于正文中"力量(puissance)"和"力(force)"的译法,参见第116页译注。——译注]

(封建主)和左翼(资产阶级)反对派所共有的那些观念的实质,并非与占统治地位的、人人都有的幻象有关,而是与一位绝对君主的现实有关——凭借一种没有出路的力的处境,他成了两个敌对阶级之间真正的仲裁人。但上述解释有容易落入某种资产阶级观念的弱点,我相信已经指出过,这种观念不符合现实。

启发性大得多的是第二种回答,波尔什涅夫(Porshnev)关于**17、18世纪法国投石党运动与民众造反**的研究①,给这一回答增添了权威性。依照这种见解,关于两个同样有力也同样无能为力的敌对阶级之间的国王-仲裁人的论点,既建立在某种时代错置之上,又建立在关于国家性质的某种神话观念之上。我们知道,那种时代错置在于把后世资产阶级的特点借用到绝对君主政体下的资产阶级身上,**这是为了能够从这个时期开始,把资产阶级设想成一个与封建阶级彻底对抗的阶级**。这种事情我们都了解。而关于国家性质的神话观念则在于想象某种政治权力可以在阶级之外、超出阶级之上,甚至是在社会的普遍利益中被确立和被行使。这双重的批判引出了如下视角:绝对君主政体既不是封建剥削体制的终结,也不追求这个终结。相反,在我们所考察的阶段,它是那种体制的**必不可少的政治机器**。随着绝对君主政体的出现,发生改变的不是封建剥削体制,而是**那种体制的政治统治形式**。**日耳曼主义者**所称颂的原始君主政体,享有独立性的封建领主的个人政治特权——这种独立性使他们成为与国王**同等地位的人**,都不过是被一个中央集权的、占统治地位的绝对君主政体继承下来的遗产。这一政治上的转型与发生在封建体制内部

---

① 见参考书目。

的经济活动条件的改变相适应,特别是与商业经济的发展、国内市场的初次出现等情况相适应。在我们所考察的阶段,这些变化并没有给封建剥削造成损害。而绝对君主政体这一政治体制,也只是在商业经济发展的阶段维护封建统治和剥削所需要的新政治形式。

在那些——甚至通过武力——被剥夺了旧时的个人政治特权的个别封建主眼中,绝对君主政体的来临、中央集权及其附带现象(直至那个叫作凡尔赛的镀金的政治软禁营①)都带有一副篡权、不公和针对他们阶级的暴力的嘴脸,这没什么好惊讶的。但我们却忍不住要推想,**实际上正是他们的某种固定观念向他们隐瞒了实情,是他们的某种名副其实的历史错觉让他们把旧时的个人政治特权与他们阶级的普遍利益混为一谈**。因为再明显不过的是,绝对君主政体下的国王代表了**封建制的普遍利益**,甚至这也包括反对那些抱残守缺的个别封建主带着乡愁和盲目提出的抗议。如果说国王是**仲裁人**,那么他也不是贵族与资产阶级之间冲突的仲裁人,而是**封建制内部冲突的**仲裁人;他是为了封建制本身的利益来调解这类冲突的。他做出裁决的时候,一般情况下,向来只是为了确保封建制的阶级和统治的未来,即使反对其成员中的某些人也在所不惜。

然而就是在这里,有另一种**力量**干预了进来,孟德斯鸠并没有让它在权力分割中出场,它也没有获得跻身于政治理论的荣誉。这就是作为封建剥削实施对象的大多数人民(la masse du pe-

---

① 凡尔赛宫建成后,路易十四即令法国主要贵族集中在此居住,以消除其割据和叛乱的威胁。——译注

uple)的"力量";而绝对君主政体下国家机器的功能,恰恰在于维持那种剥削,让它永久化。波尔什涅夫半是重申半是揭露了难题的这个方面,并且表明,**当时的基本对抗关系既不是让绝对君主政体与封建主相对立,也不是让贵族与资产阶级相对立——资产阶级的大多数都已整合进封建剥削体制,并从中获利——而是让封建体制本身与遭受其剥削的群众**(*masses*)**相对立**。这种基本冲突当然没有那些次要冲突突出,也不像它们有自己的理论家。它也不具有跟它们同样的形式。在国王、贵族和**资产阶级**之间,一切都是在某种带有**政治**和**意识形态**特性的持续的冲突中上演的。一方面是大多数的被剥削者、服从于封建权利的农民、小工匠、店主、城市小手工业,另一方面是封建秩序及其政治权力,在这两者之间几乎不存在理论争辩的问题,只有沉默或暴力的问题。这是权力与穷人之间的斗争,这种斗争往往由于服从而得到解决,其间偶尔辅之以暴乱和军队。然而,在整个 17 世纪法国的城市和乡村,饥荒引发的造反极为频繁,不仅像 16 世纪德国那样有农民战争和农民起义①,还有城市的暴乱;对这些起义的镇压则是残酷的。这时候我们就可以看到国王、**绝对**权力和**国家机器**究竟是派什么用的,还有那些占据前台的著名的"力量"究竟是站在哪一边的。直到大革命时某些"人民的日子(journées populaires)",那些最初的日子——它们取得了胜利,也在理论和权力方面带来了某种混乱。

这第四种"力量"的特权就这样占据着其他三种力量的思想,

---

① jacqueries 的说法,出自 14 世纪法国雅克雷起义(Jacquerie 一译"扎克雷起义"),泛指农民起义。——译注

可以说,它在那个时代的政治文献中是得不到表述的。需要等待梅叶这样一个香槟省的穷神父——从他的《遗书》里,伏尔泰曾细心地清除了所有政治上耀眼的光芒①——还有卢梭,才能让这个"人民"、这个"下层人民"作为一种力量,先是进入小册子,最后进入政治理论的概念。此前,它只有一些影射性的理论存在:孟德斯鸠本人就是这样,他小心翼翼地把贵族从它那里严格区别开来。伏尔泰和大多数百科全书派也是这样。但是这第四种力量,这被无知、激情和暴力统治着的臣民,仍然会出没于其他力量的联盟中,就像一个遗失了的记忆:由于稽查作用②。这种力量在与它有关的契约中不在场的理由,在于这些契约本身存在的理由就是要让它不在场——或者,两个说法完全是一回事,让它所受的奴役变得神圣不可侵犯。

我认为,如果牢记孟德斯鸠所引入的各种力——国王、贵族、"资产阶级"和"下层人民"——的上述**真实的**性质,那么,我们关于他的政治选择和他的影响的总体解释就会从中得到一些启示。

---

① 让·梅叶(Jean Meslier, 1664—1729)的《遗书》在他去世后第二年即以手抄本形式开始在法国各地流传,并被当局严厉查禁。1762年,在日内瓦首次出版了一个摘要本,编者未署名,后来的研究者认为是伏尔泰。这个摘要本仅根据原著第一部分,选编了批判宗教的言论,但删去了这些言论所依据的激进的、鼓吹革命的政治社会观念,因而很大程度上歪曲了原著的思想。1772年,霍尔巴赫又匿名出版了第二个摘要本。这些摘要本都属于下文所说的"小册子"。直到1864年,即梅叶逝世135年之后,《遗书》才得以全文出版。——译注

② censure,弗洛伊德提出的概念(德文为 Zensur),指倾向于禁止无意识欲望及其衍生形成物进入前意识—意识系统当中的功能。——译注

这种真实的分析让我们能够避开一些在回顾中形成的历史表象。尤其是避开一种幻象，即相信孟德斯鸠是**那个将要在大革命时期庆祝凯旋的资产阶级事业的传令官，即便是一个乔装改扮了的传令官**。我们看到那个——已被如此成功地纳入英格兰式政制方案的——著名的下院意味着什么①：它是留给资产阶级的份额；这个阶级在封建秩序中寻找自己的位置，一经找到，在当时几乎就没有想过要对那种秩序构成威胁。这一视角也让我们能够以其真实的历史价值来评判那些自由主义的"改革"，而孟德斯鸠则充当了这类改革的代言人：刑事立法的改革，对战争的批评，等等。它们在当时与资产阶级未来的凯旋扯不上多少关系，以至于同样是那个审判过非人酷刑的孟德斯鸠，也希望贵族在一切诉讼方面都应该有自己阶级的法庭：上院。貌似可以把孟德斯鸠归入"资产阶级"党派的事情，我觉得更确切地说，已经被他部分地视为自己有勇气公开谈论的一些常识话题，部分地视为一种灵活的对策，足以将"资产阶级"正好拉到他的事业那一边，并夸大为这个"资产阶级"的种种不满所加剧的封建的对立。这些都需要

---

① "英格兰是目前世界上最自由的国家……但是如果下院成为主宰者，它的权力就会是无限制的和危险的，因为它同时也将拥有行政权；而目前情况，是无限权力属于国王和议会，行政权则属于国王，他的权力是受节制的。"（《关于英格兰的笔记》，引自德迪厄《孟德斯鸠》，第 31 页）亦可参考原始君主政体有教益的例子，"人民握有立法权"（第十一章，第十一节）。不过"一旦人民有立法权，他们只要稍一任性，便可把王权消灭，像他们到处所做的那样"。这是因为，在希腊英雄时代的那些君主政体中，还没有任何"贵族实体"（第十一章，第八节）。因此，人民的代表制，即便是由其中的显要人物充任代表，也只有在立法机关内部为贵族的代表制所平衡，方是可能的。

以对这个资产阶级的目标有一种足够真实的感觉(sentiment)——即便还不是一种见解(vue)——为前提。

但是,这种分析也让我们能够理解孟德斯鸠后继者的悖论。因为这位右翼反对派在为未来历史中的所有反动分子提供武器之前,在那个世纪的后续年代,是曾经帮助过所有左翼反对派的。当然,在大革命最激烈的阶段,孟德斯鸠消失了。罗伯斯庇尔用非常严厉的措辞谈论分权①:我们感到卢梭的这位门徒面临着一种处境,让他能够对一些理论进行审判。但无论如何,整个前革命阶段,就大部分而言,都是**按照孟德斯鸠的那些主题**上演的;而这个专制政体的封建敌人,则变成了既定秩序的所有对手心目中的英雄。通过一种奇特的历史轮回,一个面向过去的人却好像打开了未来的大门。我认为这个悖论首先取决于孟德斯鸠立场的**时代错置**特性。正因为他为**一种过时的秩序**辩护,他才成了——**也将在另一些秩序面前过时的**——现秩序的对手。比较起来,他

---

① 可参见《关于宪法》:"……只要稍加思索,就不难察觉,这种平衡只可能是幻想或灾难,它会使政府毫无作用,甚至不可避免地会使相互竞争的各种权力联合起来反对人民。因为十分明显,这些权力宁肯自己相互冲突,也不愿呼吁主权者来解决它们的问题。英国就是这样的证人,在这里黄金和君权经常使得天平偏向同一方向,在这里反对派本身时而争取改革人民代表制度,显然只是为了和多数人一致行动而把改革推迟,它对改革大概也是反对的。这是一种使人惊异的政府。在这里社会美德只是可耻的滑稽行为,自由的幻影消灭自由本身,法律把专制政体固定下来,人民权利是公然买卖的对象,甚至羞耻心也抑制不住贪污行为。"罗伯斯庇尔,《革命法制和审判》,赵涵舆译,王之相、王增润、立知校,商务印书馆,1965年,第145页。——译注

的思想的情况就像是大革命之前的贵族造反,马迪厄①研究的结论是,这次造反加速了大革命的爆发。至于孟德斯鸠,他只是想为受到威胁的贵族恢复他们过时的权利。但他认为威胁来自国王。事实上,通过反对国王的绝对权力,他也在为撼动封建的国家机器——贵族仅有的堡垒——推波助澜。他的同时代人在这一点上没有被迷惑,他们(例如爱尔维修)说他"太封建"②,但还是招募他加入共同的战斗。只要子弹射中同一目标,它们来自何方又有什么关系?而如果孟德斯鸠的所谓"革命的"后继者当真是一个误解,那也应该还这个误解以公道,指出它只不过是关于一种最初的误解的**真理**:那种最初的误解把孟德斯鸠丢进一个时代的右翼反对立场,但在那个时代,这一立场已经没有什么意义了。

---

① 阿尔贝·马迪厄(Albert Mathiez,1874—1932),以研究大革命史著称的法国历史学家,著有《法国革命史》《热月反动》《吉伦特派与山岳派》等。——译注

② 《道德沉思录》,第147节。亦可参见致孟德斯鸠的信和致索兰(Saurin)的信。

结 语

Conclusion

如果最后应该回到一开始所说的话,那么我要说,这个独自一人出发并且真的发现了历史的新陆地的人,他脑子里的想法却只是要回家。他在最后一页为之欢呼的那片被征服的陆地,我曾假装忘记那正是要回归的地方。这是一条回家的路。多少新观念的背后是旧观念。多少未来的背后是过去。就像这位旅行家,有一天他向着远方出发,在那些未知事物上面花费了几多岁月之后回到家中,还以为时间是停滞的。

但是他开辟了道路。

参考书目

P. Barrière, *Montesquieu* (Bordeaux, Delmas, 1946).
[P. 巴利埃尔,《孟德斯鸠》(波尔多,德尔玛出版社,1946年)]

H. Barkhausen, *Montesquieu: ses idées et ses œuvres d'après les papiers de La Brède* (Paris, 1907).
[H. 巴克豪森,《孟德斯鸠:从拉布莱德所藏文稿看他的观念与著作》(巴黎,1907年)]

E. Carcassonne, *Montesquieu et le problème de la Constitution française au XVIIIe siècle* (Paris, 1927).
[E. 卡尔卡松,《孟德斯鸠与法国18世纪的宪法难题》(巴黎,1927年)]

E. Cassirer, *Die Philosophie der Aufklärung* (Tübingen, 1932).
[E. 卡西尔,《启蒙哲学》(图宾根,1932年)]

S. Cotta, *Montesquieu e la scienza della società* (Turin, 1953).

［S. 柯塔,《孟德斯鸠与社会科学》(都灵,1953 年)］

J. Dedieu, *Montesquieu et la tradition politique anglaise en France. Les sources anglaises de l'Esprit des Lois*(Paris,1909).

［J. 德迪厄,《孟德斯鸠与法国的英国政治传统:〈论法的精神〉的英国渊源》(巴黎,1909 年)］

J. Dedieu, *Montesquieu*(Paris,1913).

［J. 德迪厄,《孟德斯鸠》(巴黎,1913 年)］

D. Del Bo, *Montesquieu, le dottrine politiche e giuridiche*(Milan,1943).

［D. 戴尔·波《孟德斯鸠:政治和法律学说》(米兰,1943 年)］

E. Durkheim, En quoi Montesquieu a contribué à la fondation de la science politique(thèse latine, traduite dans: *Revue d'histoire politique et constitutionnelle*, juillet-septembre 1937, pp. 408 sq.).

［E. 涂尔干,《孟德斯鸠在什么方面为政治科学的奠基作出了贡献》(拉丁文论文,译文见《政治与宪法史杂志》,1937 年 7 —9 月号,第 408 页以下)］

E. Durkheim, *Montesquieu et Rousseau précurseurs de la sociologie*, Préface de G. Davy(Paris, Rivière,1953).

［E. 涂尔干,《孟德斯鸠与卢梭:社会学先驱》,G. 戴维序(巴

黎,里维埃尔出版社,1953年)]

C. Eisenmann, L'Esprit des Lois et la séparation des pouvoirs (*Mélanges Carré de Malberg*, Paris, 1933, pp. 190 sq.)—La pensée constitutionnelle de Montesquieu (*Recueil Sirey du bi-centenaire de l'Esprit des Lois*, pp. 133 −160).

[C. 艾森曼,《〈论法的精神〉与分权》(《卡雷·德·马尔贝纪念文集》,巴黎,1933年,第190页以下)——《孟德斯鸠的宪法思想》(《西雷文汇:〈论法的精神〉两百年》,第133 −160页)]

B. Groethuysen, *Montesquieu* (Introduction à un choix de textes, coll. «Les classiques de la liberté», Genève, Trois Collines, 1947).

[B. 格罗特胡伊森,《孟德斯鸠》(文选导读,"自由经典"丛书,日内瓦,三山出版社,1947年)]

P. Hazard, *La pensée européenne au XVIIIe siècle. De Montesquieu à Lessing* (Paris, Boivin, 1946).

[P. 阿扎尔,《18世纪欧洲思想:从孟德斯鸠到莱辛》(巴黎,布瓦万出版社,1946年)]

M. Leroy, *Histoire des idées sociales en France*: I. *De Montesquieu à Robespierre* (Paris, Gallimard, 1946).

[M. 勒鲁瓦,《法国社会观念史:第一卷,从孟德斯鸠到罗伯斯庇尔》,巴黎,伽利玛出版社,1946年]

B. F. Porchnev, *Jean Meslier et les sources populaires de ses idées* (Rapport au Congrès de Rome, 1955, Éd. de l'Académie des Sciences de l'U. R. S. S.) (en français). Sur Porchnev, voir *La Pensée*, n. 08, 32, 40 et 41.

[B. F. 波尔什涅夫,《让·梅叶及其观念的民众渊源》,(罗马会议报告,1955 年,苏联科学院编)(法文)。关于波尔什涅夫,参见《思想》杂志,第 8、32、40 和 41 期。]

Ch. Seignobos, La séparation des pouvoirs (*Études de politique et d'histoire*, Paris, 1934).

[Ch. 塞纽博斯,《分权》(《政治与历史研究》,巴黎,1934年)]

J. Starobinsky, *Montesquieu par lui-même* (Paris, Le Seuil, 1953).

[J. 斯塔罗宾斯基,《孟德斯鸠自述》(巴黎,色伊出版社,1953年)]

C. Vaughan, *Studies in the history of political philosophy*, t. I (Manchester, 1939).

[C. 沃恩,《政治哲学史研究》,第一卷(曼彻斯特,1939 年)]

E. Vidal, *Saggio sub Montesquieu* (Milan, 1950).

[E. 维达尔,《论孟德斯鸠》(米兰,1950 年)]

集体出版物

Revue de métaphysique et de morale, numéro d'octobre 1939, consacré à Montesquieu.

［《形而上学与道德杂志》,1939 年 10 月号,孟德斯鸠专辑］

Montesquieu: sa pensée politique et constitutionnelle (*Recueil Sirey*, bi-centenaire de l'Esprit des Lois, Paris, 1952).

［《孟德斯鸠:政治与宪法思想》(《西雷文汇:〈论法的精神〉两百年》,巴黎,1952 年)］

Bulletin de droit tchécoslovaque, Bi-centenaire de la mort de Montesquieu, Prague, 1955. Une édition en français.

［《捷克斯诺伐克法学简报》,孟德斯鸠逝世二百周年,布拉格,1955 年。法文版。］

Actes du Congrès Montesquieu (Bordeaux, Delmas, 1956).

［《孟德斯鸠研讨会文集》(波尔多,德尔玛出版社,1956 年)］

关键词对照表

abdication （对权力的）放弃
abstraction 抽象（性）
action 行动
accident 意外事件
accord 一致
adéquation 相符（关系）
administration 经营,行政机关
adversaire 对手
alliance 联盟
allusion 影射
anachronisme 时代错置
antagonisme 对抗关系
appareil(d'État) （国家）机器
apparence 表象
arbitraire 专断
arbitre 仲裁人
aristocratie 贵族制
autonomie 自主性

avantage　利益

bas-peuple　下层人民

bénéfice　收益

bien public（**bien commun**）　公益

bien privé　私益

bourgeois　资产者

bourgeoisie　资产阶级

caprice　任性

caractère　特性

causalité　因果关系

cause　原因,事业,利益,诉讼

citoyen　公民

chambre basse　下院

chambre haute　上院

classe　阶级

clergé　僧侣

code　规范,法典

combinaison　联合

commandement　戒律

condition　条件,境遇,地位

conduite　行为

conflit　冲突

connaissance　认识

conscience　意识,自觉

constance　恒定(性)

constitution 政制,宪法
contenu 内容
contradiction 矛盾
contrariété 对立状态
contrat 契约
convention 约定
conviction 信念
corruption 腐化
coutume 习惯法
crainte 恐惧
curiosité 好奇心
débat 争辩
découverte 发现
décret 旨令
definition 定义
démocratie 民主制,民主
déraison 非理性
désir 欲望
désobéissance 不遵从
désordre 混乱(无序)
despote 专制者
despotism 专制政体
destin 命运
détermination 决定作用
déterminisme 决定论

devenir　生成变异
devoir　应当,职责
disposition　安排
distribution　分配
diversité　多样(性)
domination　统治
droit　权利,法(律)
droit naturel　自然权利
durée　绵延
dynamique　动力学
économie　经济(学)
effet　后果,效果
efficace　作用力
élément　要素,成分
empiétement　侵犯
équilibre　平衡
équité　公正(性)
équivoque　歧义性
errance　彷徨
erreur　错误
espace　空间
établissement　既定(地位)
être　存在者,存在
evidence　显而易见(之物)
excès　僭越

exécutif　行政

exigence　要求

existence　存在

exotisme　异国情调

exploitation　剥削

expression　表现

facteur　因素

fait　事实

fantaisie　幻想

fausseté　虚假性

féodalité　封建制

féodaux[①]　封建主

fin　目的,终结

fixité　固定(不变)

folie　不可理喻

force　力,力量,武力

forme　形式

fortune　命运,财产

fusion　融合

généralité　普遍性

générosité　慷慨大度

genèse　发生(过程)

gouvernement　政体,统治

[①] 单数形式为 féodal(e),本书中出现的都是复数形式。——译注

gouvernement modéré 宽和政体
grand 大人物
grandeur 伟大,高贵
hasard 偶然(性)
honneur 荣誉
hypothèse 假设
idéalité 理想性
identité 同一
illusion 幻象
impureté(**l'état d'impureté**) 不纯粹状态
immédiateté 直接性
inconscience 无意识,不自觉
inégalité 不平等
institution 制度
instant 瞬间
instinct 本能
intégration 整合
intelligence 智力,智能(者),理解
intérêt 利益
intuition 直观
judiciaire 司法
justice 正义,公道
légalité 合法性
législateur 立法者
législatif 立法,立法机关

législation　立法

lenteur　缓慢

liaison　联络

liberté　自由

limite　限度,极限

loi　法,法则

loi(s) fondamentale(s)　基本法

lumières　启蒙

magistrat　官吏

manière　方式,风度

matière　素材,物质,事项

mensonge　谎言

mercantilisme　重商主义

mérite　价值

mobile　动因

modèle　模型

mœurs　风俗

modération　宽和

monarchie　君主政体

monarchie absolue　绝对君主政体

monarque　君主

morale　道德

moralité　道德观念

moteur　原动力

motif　动机

mouvement 运动
mythe 神话
nation 民族
nature 性质,自然
néant 虚无
nécessité 必然性,必要性
noble 贵族
noblesse 贵族
nostalgie 乡愁
notable 显要人物
obéissance 遵从
objet 对象,目的
occasion 机遇
opposant 反对派
opposition 对立,反对立场
ordre 命令,秩序,顺序,阶层
organe 机关
origine 起源
pacte 公约,[殖民地]协定
passion 激情
paradoxe 悖论
Parlement 高等法院,议会
partage 分割
parti pris 党派之见(党见)
partie 部分

peuple　人民, 民族

politesse　礼节

politique　政治, 政策

postérité　后继者

pouvoir　权力

précarité　暂时性

préférence　偏爱

préjugé　成见

prérogative　特权

prétention　奢望

primat　优先性

prince　君主

principe　原则

privilège　特权

problématique　难题性

problème　难题

profit　赢利

projet　计划, 方案

propriété　财产

protestation　抗议

puissance　力量

pureté　纯粹状态, 纯粹性

raison　理性, 理由, 因由

rapport　关系

rapports de forces　力量对比

réalité 现实(性)
réflexion 反思
régime 体制
règle 规则
relation 关系
rencontre 相遇
représentant 代表
représentation 代表制
république 共和政体
ressort 动力
richesse 财富, 富有
rigueur 严格性
roturier 平民
roture 平民
ruse 狡计
sagesse 智慧
savant 科学家
schéma 图式
séparation des pouvoirs 分权
séparation 分立
servitude 奴役
situation 情境, 处境
sociabilité 社会性
sort 命运
soumission 服从

souverian 主权者

structure 结构

sujet 臣民

suffrage 选举

synthèse 综合

tempérament 体质,节制

terme 项

théorie des essences 本质论

thème 主题

thèse 论点

totalité 总体

tout 整体

toute-puissance 无限权力

transcendance 超越性

tribunal 法庭

type 类型

typologie 类型学

tyran 暴君

uniformité 均一性

unité 统一(性)

universalité 普遍性

usage 习俗

utilité 功用

valeur 价值

variation 变化

vérité　真理,真实
vertu　德性,功效
vie　生活,生命
vide　虚空
violence　暴力
volonté　意志

译后记(一)：
孟德斯鸠的唯物主义肖像

应该说，孟德斯鸠的形象是一种历史结构的产物，从启蒙时代的赞美到政治科学奠基人(孔德、涂尔干等人)的理解，乃至他最为人所熟知的历史面相，如"《论法的精神》的欧洲读者们，看到孟德斯鸠开创的联邦式民主共和国在美利坚合众国的政治制度中得到实现"①。这里当然包括对于中国读者而言很熟悉的，由严复在他那奇特的翻译中所展示的"法意"。孟德斯鸠的文字"节短意长，义繁词简"②，对他的每一种理解都只能在特定的语境中加以体会，于是形成矛盾的多重形象，对此，审慎的评论者采取笼统概括的态度，"唯物论和反唯物论；宿命论和自由主义；权术和绝对道德观念——这些观点如果在孟德斯鸠成熟时期同时并存，这说明问题有待以后解决，或需承认观点混乱、自相矛盾"③。同时

---

① 萨尔沃·马斯泰罗内，《欧洲民主史：从孟德斯鸠到凯尔森》，黄华光译，社会科学文献出版社，1998年，第22页。

② 严译《法意》第五卷第八章案语，见《论法的精神》，严复译，上海三联书店，2009年，第53页。

③ 罗伯特·夏克尔顿，《孟德斯鸠评传》，刘明臣等译，中国社会科学出版社，1991年，第98页。

也很有些人在竭力制造孟德斯鸠"现代自由主义"先知的形象，"孟德斯鸠政治哲学的基本点是自由主义：政治秩序的目的是通过各派力量的均势确保政权宽和"①。阿尔都塞的孟德斯鸠研究独树一帜，在至今六十多年思想史话语中得到了长远的呼应，他讲得很清楚，要为"在大理石像上见到的这个人物提供一副稍微生动一点儿的形象"。

与阿尔都塞的很多研究对象不同，阿尔都塞本人的思想有发展，却没有太多的"断裂"。孟德斯鸠研究在阿尔都塞的工作史中位置靠前，1954—1955 年他在巴黎高师开设关于 18 世纪历史观念的课程，1959 年由法国大学出版社出版了《孟德斯鸠：政治与历史》(本文引用的阿尔都塞论述，如无标注，均出此书)一书，其中包括"方法的革命""法的新理论""历史的辩证法""三种政体""分权的神话"和"孟德斯鸠的党见"几个部分，层层深入地从孟德斯鸠建立的新科学形式到阶级政治内核进行了分擘演绎。在此以后，关于孟德斯鸠，阿尔都塞再没有专门论述过，但孟德斯鸠问题始终是一个常用的参照系，无论是对启蒙思想还是对马基雅维利、黑格尔、马克思的研究都是如此，在其讲义广泛涉及的"18 世纪哲学和政治"主题中有丰富的体现。②

在阿尔都塞的理论工作中启蒙思想研究有很重要的地位，在"亚眠答辩"里他明确说明："这项研究 18 世纪哲学与政治的工

---

① 雷蒙·阿隆，《社会学主要思潮》，葛秉宁译，上海译文出版社，2015年，第 39 页。译文有改动。

② 参见阿尔都塞，《政治与历史：从马基雅维利到马克思（1955—1972年高等师范学校讲义）》，吴子枫译，西北大学出版社，2018 年。

作,我是打算把它当作理解马克思思想所必需的预备科目来做的。"①实际上这不仅是"预备"工作,通过对历史材料的"阅读",阿尔都塞确立了他的方法和立场,划定了他自己"症状阅读""理论的反人道主义""历史是一个没有主体和目的的过程""相遇的唯物主义潜流"这些后来的著名论点,他对历史唯物主义的贡献在此得到最初的体现。关于孟德斯鸠,"政治与历史"这两个主题提示了分析的重点,既陈明知识生产的历史和政治条件,更强调历史"与"政治的有机关系,在历史实情中才有真正的政治理论和实践,孟德斯鸠要"创制一门政治的和历史的科学"。

阿尔都塞为孟德斯鸠绘制的形象的"生动"性在于,将孟德斯鸠放在具体的历史情境之中,展现孟德斯鸠的新方法、新对象和新发现,而不是"把我们所处时代的一切观念运用到遥远的时代去",用解读者各自特定的意图制造关于孟德斯鸠的各种想象。阿尔都塞看到,孟德斯鸠的发现隐藏在历史评论堆积出来的地层图中,孟德斯鸠不是那时普遍的社会契约论者,不是有着一大堆自由主义"请愿"的时代之子,他抵抗着经验主义和理想主义的双重攻击。对阿尔都塞而言,孟德斯鸠确立了政治科学的边界:"不是从本质出发,而是从事实出发,从这些事实中得出它们的法则。"这个看似平淡无奇的论点隐含着时代知识革命的新声。这种思想无关乎主体(不论这主体是上帝还是贵族),而关乎一种过程(新的时代具体发展的过程),但却没有明确的、可以一目了然的目的。

---

① 见陈越编,《哲学与政治:阿尔都塞读本》,吉林人民出版社,2003年,第173页。译文已修订。

阿尔都塞看到孟德斯鸠"方法的革命"首先要"清除那些来自神学和道德的奢望","他只想从人类角度谈论事物的人类秩序,从政治角度谈论政治秩序",为了与时代的成见虚与委蛇,孟德斯鸠赞同宗教和道德的作用,但小心谨慎地将这作用只放在社会功能的范畴内,宗教和道德之所以有价值,是因为它们能达到社会治理的功利职能。我们可以用康德和孟德斯鸠做个类比,如果说康德那绝对不可知的物自体是其认识论的边界,而基于无限多样的法律现实,先于上帝和人而存在的"众法之前的法"则是孟德斯鸠政治科学的基础,这实际上是整个启蒙时代的核心知识精神。然而,阿尔都塞指出那种物自体意义上的"众法之前的法"对孟德斯鸠所具有的现实意义:"孟德斯鸠的这些永恒的法,先于一切人类法而存在的法,的确是一个庇护所,可以保护他不受对手的攻击。"出于论战的需要,出于对时代知识——政治斗争的考量,和康德"为信仰留出地盘"的策略一样,他的目的在于在那个时代将上帝和"众法之前的法"切割出去,口头上的尊重保证了实践上的自由。自认为"价值中立"的学院派观点划分对错真伪很容易,但孟德斯鸠声称的中立和普世口号对他仅仅是"庇护所",孟德斯鸠借此实际上提出了自己的问题,"要通过纠正政治实践的错误和不自觉,把科学的获得转变为政治实践本身"。这是孟德斯鸠的难题性,揭示了整个《论法的精神》理论叙述的实际构成:科学对谬误的纠正(批判)的目的是把科学变成政治实践。

孟德斯鸠同时反对"事先就包含和勾画了一种有待创造的社会的理想"的(霍布斯、卢梭式的)自然权利理论,反对从起源中寻找历史目的的方法。思考"具体的历史"不应该以"理想的国家"

为原型,政治科学的思考必须要将绝对不可预测的经验现实变成科学的概念加以整合,形成一个"整体"。休谟在《道德原则研究》中指责孟德斯鸠"假定一切权利都建立在一定的联系或关系的基础上……是一个决不会与真正的哲学相一致的体系"①,从反面证明了孟德斯鸠与所谓"真正的哲学"的区别。自然权利、社会契约理论在具体的历史语境中产生了具体而积极的作用,但其中抽象的和唯心主义的特质却使这种主流思想撇开事实,只关心权利,只关心"应当是什么"。夏克尔顿已经指出,孟德斯鸠对由人类社会前状态进入到国家出现的模式不感兴趣。② 在《波斯人信札》中,他嘲笑了对社会起源的研究,在《论法的精神》中则对整个这种问题一笔带过,并不将"三代之治"或"最不坏的制度"当作放之四海而皆准的真理。孟德斯鸠不仅摒弃起源神话,对现实存在的参照系也采取完全现实的态度。他和那个时代欧陆多数人一样,崇拜英国,但他只是按己所需地攫取片段,虚构出了一个"英格兰政制",目的只是为了进行论战批判,比如在孟德斯鸠时代的英国,"分权"的说法只是个别党派的主张,孟德斯鸠却将其改造为一种理论武器。阿尔都塞则看到孟德斯鸠维护了这一由经验而形成的政治科学的整体,明确拒绝用"应该是什么"去裁决"是什么",只想从事物的多样性与丰富性中推演出事物的法则,认为他在最具体的细节上维护了科学研究的基本德性,"由于孟德斯鸠,这种总体……变成了一个基本的范畴,使他有可能不再去思考一个理想的国家的现实性,而是思考人类历史上各种制度的具体

---

① 休谟,《道德原则研究》,曾晓平译,商务印书馆,2001年,第48页。
② 罗伯特·夏克尔顿,《孟德斯鸠评传》,前引,第309页。

的、直到当时还难以理解的多样性"。

在与宗教的、道德的、自然权利的政治理论区别开来后,阿尔都塞说孟德斯鸠"开辟了科学的康庄大道",形成了"法的新理论"。17世纪之前法的概念只指向以宗教和道德为内容的"戒律",指向特定的目的和目标,甚至自然权利的理论家们,仍然保留了以前时代的目的论结构,总是在强调"应当"与"必然"。但《论法的精神》中说到"神有其法;物质世界有其法;高于人类的智能者有其法;兽类有其法;人有其法"(第一章,第一节)时,孟德斯鸠等于强调原来是立法者的上帝之上也有一个"神法",不是上帝立法,而是给上帝立出了法,这法来自事物的具体的性质,于是旧有的目的论开始坍塌了。当"法的精神"取消掉目的时,政治科学就是"用获得的科学知识纠正爱犯错误的意识,用科学的意识纠正不自觉的意识",因此,"这门科学作为科学,只能是批判的;它之所以从人们给自己制定的那些表面的法中得出关于人类行为的真正的法则,只是为了批判那些表面的法,修正它们,从而把我们在认识历史过程中所获得的成果归还给历史"。将"真正的法则"与"表面的法"对立起来,结果是"法"退回到历史当中去,将对历史过程的理解还给历史本身。孟德斯鸠要建立一种政治科学,只不过,他要做的不是从一般性的社会,而是从历史中的具体社会现实出发生产出那种科学。孟德斯鸠也大谈"永恒的价值""应当"或"职责",这必须要在具体的历史背景中理解,他要规避各种攻击,同时也要利用语义的分歧对敌人进行攻击,当他说霍布斯不道德又危险的时候,不仅是要蒙蔽宗教保守分子,更是对出于唯心主义目的论而形成的"社会契约论"的深刻批判。

阿尔都塞强调:"孟德斯鸠大概是马克思之前试图思考历史

却没有为它提供目的的第一人。"这个判断是将阿尔都塞的思想史研究统一起来的关键,以"历史的辩证法"为基点展示了孟德斯鸠新的"积极的发现"。他看到,虽然18世纪的唯物主义并不已然是关于实践的唯物主义,但在这个时代的"潜流"当中,有着"把它们(对象、现实、感性)当作感性的人的活动,当作实践去理解"①的可能。孟德斯鸠历史分析的特点在于他没有简单地为历史设定一个目标,而是指出整个人类历史及其所有细节都能够被理解的普遍原则,要让历史的所有细节得到理解,依靠的不是一个目的的理念。这在《论法的精神》万分错杂和分散的谋篇布局中能看出端倪,阿尔都塞是孟德斯鸠的读者当中最早赋予其以严整理论秩序的人,而绝大多数评论者都面对文本的混乱而束手无措。孟德斯鸠之前政治理论家也都要解释各种法的纷繁多样,但是他们往往只是描绘"某种关于政体性质的逻辑",表明某种政体有何种表现、它们的来源和组织形式,孟德斯鸠却强调"性质"背后的"原则",而这原则来自作为"一个现实的总体的"国家,"立法、制度和习惯法的所有细节"都是这个总体内在原则的体现。每一个国家的总体都有具体的国情,孟德斯鸠的特点在于不再考虑如何去实现理想中的国家,而是思考各种国家和政体的具体多样性。孟德斯鸠异常广泛的历史理论在阿尔都塞那里相当于马克思的"从抽象到具体"②,以至于无限接近于现实。作为德性、荣誉和恐惧的政体原则"就像一般意义上的激情,那些激情可能看上去是抽象的,但作为原则,它们政治化地

---

① 《马克思恩格斯选集》,第1卷,人民出版社,1995年,第54页。
② 《马克思恩格斯选集》,第2卷,人民出版社,1995年,第18页。

表现了公民的全部现实生活"。这些激情就是政治科学所要描述和接近的具体总体。

孟德斯鸠在自己的时代强调了物质因素(气候、土壤、国土面积、人口、贸易等等)的重要性,这并不是阿尔都塞所要显示的孟德斯鸠的唯物主义形象的要点,用物质因素解释事物并不等于唯物主义立场,而是要看是什么"归根到底"起决定作用。阿尔都塞强调马克思主义论证"归根到底"的决定作用首先是要"把自己同一切唯心主义历史哲学区别开来",同时也是"同任何机械决定论区别开来,也就是接受一个辩证的立场"。① 阿尔都塞在孟德斯鸠罗列的各种影响政体的因素中向我们指出了一种复杂的辩证史观,国家的大小决定了政体,同时气候又是"是一切统治中首要的统治",还要加上土壤的性质、贸易、宗教等条件,最后这一切归入风俗,"一个民族的普遍精神",其他那些因素通过风俗间接地作用于政体。孟德斯鸠比他同时代的其他人都更清楚地意识到历史的必然性只有在各种政体形式与条件的统一的辩证法中才能被思考,但他也只能在时代的限制中思考,风俗的概念含混不清;政体原则的讨论在现实存在条件和特定政治目的之间是分裂的。在孟德斯鸠之后,是政治经济学将所有这些因素真正统一起来,而孟德斯鸠达到了自己的时代科学地思考政治现实的最高峰。阿尔都塞没有像很多人那样,用简化了的现代社会理论,如社会诸元素的多元平衡来理解孟德斯鸠,而是明确强调了历史辩证法当中的主要矛盾和次要矛盾,矛盾的主要方面和次要方面。在政体原则(激情)和社会风俗的分析中,对人类的具体行为的科学研

---

① 陈越编,《哲学与政治:阿尔都塞读本》,前引,第186页。

究若隐若现,但孟德斯鸠并没有借重当时已大行其道的实证科学来形成自己的理性话语,而是实事求是地摆出自己所有已知条件,在具体分析中得出最接近客观的结论。更重要的是,孟德斯鸠的分析有他自己的"选择",他的客观科学研究需要落实在政治力量之上。

在"三种政体"的分析中,阿尔都塞展示了孟德斯鸠话语中政治分析的着力方向、党派倾向。虽然"共和政体"几乎只是一种"政治天使主义"要求下的例外体制,集各种美德于一身,以至于在现实中绝难实行,是一种想象出来的政体,但其中也有明确的规定。民主制不希望"下层人民"(bas-peuple)掌握权力,他们愚昧麻木、自私自利,只配被精英所代表,"在政体中,就算是人民政体,力量也绝不应当落入下层人民手中"(《论法的精神》,第十五章,第十八节)。"世上没什么比共和政体更蛮横的……下层人民是你可能遇见的最蛮横的暴君。"(孟德斯鸠《旅行记》)共和政体的法的目的全在于将人民教化成公民,而公民的德性在于服从显要人物的权力。

"君主政体"则是最现实的制度,其中最值得宝贵的是贵族,君主政体的基本准则是:"没有君主就没有贵族;没有贵族就没有君主。"贵族和僧侣这种"中间的阶层"存在的必要性却并不来自先天的德性,他们并不必然高贵,只是在政治设计的技巧上必须有此一环。"如果不想让国王变成专制者,就必须有这些中间的阶层。"贵族并没有理性,贵族的荣誉与道德毫无关系,但他们却能产生理性的功能,因为贵族的特权使君主免于僭越,人民免于无忌惮,君主要防备人民造反,人民要防备君主暴政,结果任何一方都要依靠贵族,这是君主政体最深刻的法则。并非人们的意识创造了历史,而是基于政治无意识。孟德斯鸠热切地盼望明智的理性的降临,但他从来不会对理想的理性抱有任何希望。贵族的荣誉是虚假的,是阶级统治术的套路之一,但这种谎言也生产出了一种真实,正像马克思在"德意志意识形态"中看到"意识形态"之所以是"虚假的",恰恰因为它是现实的,具有"现实的社会关系"的基础和物质的条件。阿尔都塞在其他地方说道:"每一个被赋予了'意识'、并信仰由自己的'意识'所激发且被自己所自由接受的'观念'的主体,……就应该把自己作为一个自由主体所固有的那些观念铭刻在他的物质实践的行为中。"① 贵族正是如此,他用虚假的荣誉编织骗局,以至于最后自以拥有了一种职责:"出人头地、使自己的高贵永久化、关注某种使其振拔于自己的生活和自己接受的阶层之上的自我形象的职责",并在有效地履行着这个职责。这种自我幻觉使君主政体成为孟德斯鸠所热衷的政治平衡的代表。

至于"专制政体",则只是为了论证君主政体的合理而形成的修辞,"地理蜃景"、隐喻和漫画,专制体制的恐怖既在于君主的暴戾恣睢,更在于其中没有中间阶层,没有平衡的基本法。孟德斯鸠对专制的描画是要让君主明白,君主需要贵族提供的保护,贵族是保卫他的王权和生命不受人民骚扰的堡垒。实际上,孟德斯鸠怨恨的对象是他那个时代的绝对君主政体,那时"自下而上强化了的私有财产和自上而下强化了的公共权威竞相发展,君主的专断权力则是后者的具体体现";并且产生了一种诡谲的现象:

---

① 阿尔都塞,《论再生产》,吴子枫译,西北大学出版社,2019 年,第 480 页。

"法律现代化的最大成果是加强了传统封建阶级的统治","'现代性'的外表一再暴露出了深层的古旧"①。阿尔都塞说绝对君主政体"只是在商业经济发展的阶段维护封建统治和剥削所需要的新政治形式",孟德斯鸠出身封建贵族,在立场上是不甘于其阶级在政治上没落的右翼反对党,对于绝对君主政体这种新形式严重不满,他所捍卫的自由是贵族们的特殊自由,而不是"自由一般"。在专制之下,大人物朝不保夕,惶惶终日,其实就是孟德斯鸠那个阶级对绝对王权统治的写照。但他并不直接显示这种焦虑,而是用人民革命的图景警诫现代君主,"人民若无首领,他们的力量是更可怕的",专制的国家"充满了革命"(《论法的精神》,第五章,第十一节)。要避免人民革命,就必须为人民找到首领和"大人物"(贵族),筑造坚固的堡垒,这就是君主和贵族建立在共同利益之上的好的联盟的基础。

孟德斯鸠在历史与政治的交织中对三种政体(共和政体、君主政体、专制政体),三种权力(立法、行政、司法),三种力量(国王、贵族、资产阶级)进行分析的理论实践,标示出阶级政治的新科学正在成长的轨迹。阿尔都塞在夏尔·艾森曼研究的基础上看到,孟德斯鸠的所谓分权理论只是一个"神话":《论法的精神》中已写明,立法、行政与司法权永远相互掣肘,行政侵犯立法,立法干涉行政,立法干扰司法;因此,三权理论的要义不是"分立",而是"联合",在确定的力量中间进行人为的权力分割:国王、贵族和"人民"(这个带引号的人民专指"下院"的资产阶级),分割的

---

① 佩里·安德森,《绝对主义国家的谱系》,刘北成等译,上海人民出版社,2001年,第13、14页。

目的是在维护统治阶级政治利益的前提下进行力量的联合。更重要的是,这种以分割为形式的联合的主要防范对象是人民(真正最广泛的人民)革命,主要受益者是作为中间阶层的贵族,他们声称可以形成"宽和""平衡"的政体,最终保护了自己生命、家庭和财产。更重要的是,真正"匿名"的"人民群众"这种政治力量从来没有在孟德斯鸠政治分析中作为正面主角出现,却是所有统治结构指向的目的,这是他最隐秘的思想,有三种政体和三种权力,但实际上"力量"却有四种:君主、贵族、资产阶级和下层人民。阿尔都塞看到孟德斯鸠的未来体制是用更精巧的设计为君主政体服务,他的法律主义背后是他的"党见"(parti pris)。

阿尔都塞对孟德斯鸠政治倾向的分析是其著作的重心,全书最后一章的题目是"孟德斯鸠的党见"。阿尔都塞对孟德斯鸠的研读,也带有着明显的"党见",因为那是"一种有罪的阅读",并且"不想通过坦白来赦免自己的罪过",并"要求这种罪过,把它当作'有道理的罪过'"。① 阿尔都塞在对《资本论》《社会契约论》《君主论》《论法的精神》的阅读中的党见是这种阅读的副产品,破除纯洁的阅读的神话是对研究对象本身的尊重,因为从来都不存在一种纯洁和无辜的阅读。阿尔都塞对马克思、葛兰西和马基雅维利的阅读,更多看到的是那条"唯物主义的潜流"中流动的血液,而对斯宾诺莎、孟德斯鸠和卢梭的阅读,发现的则是潜流的基底和结构,他们是共同的形势(conjoncture)的产物。

孟德斯鸠只有在具体历史的结构中才能理解,指出历史本身

---

① 阿尔都塞,《读〈资本论〉》,李其庆等译,中央编译出版社,2001年,第4页。

是如何或应当如何都不是其历史分析的目的,孟德斯鸠并没有超出自己的时代为后世立法,他所做的一切与他自己的"偏见"(党派意识)有关,他说:"我们喜欢读古人的书,为的是看到其他人的偏见。"(《随想录》)比如,孟德斯鸠"分权"根本不是什么自由主义者的诉求,而是站在他本人贵族阶级立场的倾向鲜明的发言,他的思考是面对绝对君主政体和资产阶级所组成的反对封建主的联盟的思考。彼得·盖伊也清晰地指出:"孟德斯鸠无疑在不知不觉中在他的科学里夹带了意识形态:他对政治自由的定义、对英格兰政制的分析、对强有力的贵族政治的鼓吹,让他直接卷入了 18 世纪那场导致法国政治分裂的大冲突,而不是超越他那个时代和他那个阶级,成为一个中立的观察者。他自称摆脱了个人成见,但并没有真的做到。"①但指出这样的问题并不够,这只是一个清晰的事实,只要忠实于孟德斯鸠的原文就不能不得出这样的结论,仅仅停留在这些问题上可能只是将孟德斯鸠本人的党见简化成对他著作的单纯注脚。阿尔都塞明言:"每个时期的人都在用一些直接的概念对他们所生活的历史进行思考;如果没有一种对这些直接概念的批判,我们就会停留在对历史的真正认识的门槛外,继续沦为历史在人们头脑里——人们也生活在历史中——产生出来的种种幻象的俘虏。"历史中有大量的"直接概念",我们的探索只能以此为基础,但将明明白白的观念当成自明的真理,就只能产生错觉。

---

① 彼得·盖伊,《启蒙时代(下):自由的科学》,王皖强译,上海人民出版社,2015 年,第 302 页。译文有改动。

阿尔都塞"意识形态没有历史"①的观点为众所周知,某一种意识形态有其历史,但"意识形态一般"却没有,"党见"永远存在,无处、无时无之,总是在历史中构成实践的力量,在阶级斗争中发挥着具体的功能。阿尔都塞的研读中包含了一种决然的历史唯物主义的态度,在马克思主义基本立场上强调对思想对象的解读不能离开历史和政治的具体条件,人们创造历史、书写历史,"并不是随心所欲地创造,并不是在他们自己选定的条件下创造,而是在直接碰到的、既定的、从过去承继下来的条件下创造"②,所有各种条件以复杂的方式在产生客观的作用。孟德斯鸠的思想是"过度决定"的结果,他从自己时代的"事实"出发,借助"党见",确立了政治科学思考的边界,这种立足于18世纪法国封建君主政体的新兴政治科学正因其"偏颇"而成为"公理"。孟德斯鸠的党见之所以会成为一种普遍的意识形态,为不同的时代,为不同的资产阶级革命所利用,之所以后世那些资产阶级革命的设计师们从这道封建时代的余光中看到了自己的未来,乃是因为孟德斯鸠第一次展示了新环境下阶级政治的科学,这门法的科学之所以从那些表面的法中得出真正的法则,只是为了批判那些表面的法,修正它们,从而达到自己的目的:更有效地进行统治。真正的现代资产阶级是伴随着大生产经济模式产生的工业资产阶级,问题是这种资产阶级在18世纪还并不存在,那个时代资产阶级的最高原则是根本性地依靠商业经济,他们的一切目的只是兼并土地、积累金钱、获得荣誉,最后成为贵族。将孟德斯鸠

---

① 阿尔都塞,《论再生产》,前引,第471页。
② 《马克思恩格斯选集》,第1卷,前引,第585页。

装扮成一位传令官,甚至是乔装改扮的传令官,说他宣告了将在大革命中凯旋的资产阶级事业,这纯属幻想。在孟德斯鸠政治科学的形式下,他提出了自己的要求:防范君主的暴政,防备人民的起义。无知、愚蠢、暴力的下层人民从来没有得到"理论上的"正面承认,但他们潜伏于孟德斯鸠所说的各种力量的联合当中;共同对付人民的君主、贵族和资产阶级订立了神圣的契约,契约里却根本不提他们共同的这个敌人,让人民沉默,让奴役神圣不可侵犯。

阿尔都塞后来在马基雅维利那里也看到了和孟德斯鸠一样的"政治科学",我们甚至可以说阿尔都塞绘制了一幅马基雅维利式的孟德斯鸠肖像,在《马基雅维利和我们》(1986 年最后修订)的某个版本的开头完全照搬 1959 年《孟德斯鸠:政治与历史》的第一句话:"关于马基雅维利,我绝不奢望能说出什么新东西。"①阿尔都塞指出,吸引我们的是在马基雅维利、孟德斯鸠这些古人思想中"内在于过去和现在的将来"。他认为对马基雅维利来说,科学话语的客观性和普遍性不是基于想象,而是基于真正的现实,就像孟德斯鸠说:"我的原则不是从我的成见,而是从事物的性质推演出来的。"马基雅维利和孟德斯鸠的话语极为相似:它陈述对象的法则,而对象的具体事例仅仅表现为这种普遍性的个别情况。而他们都有自己的倾向和"党见":孟德斯鸠要保护封建贵族,马基雅维利的目的是通过绝对君主政体建立意大利民族国家。孟德斯鸠和马基雅维利都不得不最终在某种程度上切断在旧世界占统治地位的那些自明的真理,摆脱它的意识形态,从而

---

① 陈越编,《哲学与政治:阿尔都塞读本》,前引,第 376 页。译文已修订。

得以自由地去奠定一种新的理论的基础,同样,他们的新理论(关于法,关于民族国家的新理论)都超出了唯心主义的既有模型。相隔两个世纪的马基雅维利和孟德斯鸠当然是不同的,马基雅维利关注"事物在实际中的真相",带来了在政治实践上凝聚起来的政治难题,而孟德斯鸠感兴趣的是"事物的性质",形成的是"法的新理论",但在他们那里客观的历史或政治法则都只能在"形势"的激发下才能被生产出来,形势使法则发生了变形。只要服从于对形势的分析(而不是服从于某种理论),政治实践的形态和配置就被形势彻底改造了,不存在一成不变的政治结构、力量对比、敌友划分,不存在能够照亮一切的绝对真理。

阿尔都塞说,孟德斯鸠的理想的国家的实现仅仅是个"必要的借口",没有人可以做这个假设的先知。历史不会在自己的条件之外产生突然的跳跃,一种知识理论的归宿只能以"回溯"的方式才能企及,"人体解剖对于猴体解剖是一把钥匙",而不是相反。阿尔都塞通过马克思回溯到启蒙时代,通过孟德斯鸠回溯到马基雅维利,乃至古希腊哲学中"原子与另一原子的相遇"①。那条潜伏于人类思想地面下的唯物主义河流总会时不时突出地面,虽然会被改动,在新河道的框架下形成新的样貌,但它总会发生实际的作用。阿尔都塞用文字为"唯物主义哲学家"绘制过一幅肖像,说他不知道来自何处,不知道去往何方,满脑子矛盾重重的哲学,耽于漫游。显然孟德斯鸠不是这样的人,他有自己立场,自己的目的,但他却在向封建主义退却的方向上为后来的资产阶级提供

---

① 阿尔都塞,《相遇的唯物主义的潜流》,见《马克思与相遇的唯物主义》,陈越、赵文译,《国外理论动态》,2009 年,第 10 期。

了政治方案,就像一位航海士,出发去了东方——却在西方为我们发现了西印度群岛。这就是孟德斯鸠的唯物主义肖像。

霍 炬

2019 年 12 月于西安

译后记(二)

《孟德斯鸠:政治与历史》既是阿尔都塞的第一部著作,也是他的第一部"代表作"。它是阿尔都塞进入**理论成熟过程**的里程碑。

"理论成熟过程"是阿尔都塞本人的说法。在《保卫马克思》里,他把马克思 1845 年"认识论断裂"之后的著作生涯分为两个"时刻(moments)",即 1845 年到 1857 年的"理论成熟过程(la maturation théorique)"和 1857 年以后的"理论成熟(la maturité théorique)";因为断裂"并不能一下子就以**完美的**和**正面的**形式,产生出它在历史理论和哲学理论中开创的新的理论难题性"①。

今天看来,以《保卫马克思》和《阅读〈资本论〉》在 1965 年出版为代表的光辉"时刻",对于阿尔都塞来说,也只是他的"理论成熟过程",而不是"理论成熟"。真正的**成熟**,从他 1967 年开始的"自我批评"起步,在 1969 年的《列宁和哲学》以及整个 70 年代出版的几本小册子里闪现身影,但要一直等到他(挨过痛苦的 80 年

---

① 见阿尔都塞,《保卫马克思》,顾良译,商务印书馆,2010 年,第 16 - 17 页。译文多有改动,尤其是"成熟过程"一词在中译本里译为"成长",不准确。

代)去世之后,在迄今为止整理出版的十多部遗著中①,才露出完整的面貌。这是90年代以后阿尔都塞重新获得关注的主要原因。

但是,1965年的光辉也多少掩盖了《孟德斯鸠:政治与历史》的重要性。在1947年完成高等教育文凭论文《论G.W.F黑格尔思想中的内容》前后,阿尔都塞曾发表过一系列文章,如今都收在《哲学与政治文集》第一卷里②。几乎整个50年代,他只在《哲学教育杂志》上发表了几篇论文③。借用他的说法,所有这些都属于"青年时期的著作"。不过和马克思相比,这是一个漫长的、(除了辛勤的"辅导教师"工作之外)大多处于沉默状态的时期。1959年9月,《孟德斯鸠》的出版以及当年"孟德斯鸠奖"的获得打破了沉默④。1960年,译著费尔巴哈《哲学宣言:1839—1845年文选》出版⑤,他为这本书写的介绍后来成为《保卫马克思》中的第一篇。《保卫马克思》收录了他从1960年到1965年发表的十多篇文章中的8篇。他从1961/62学年到1964/65学年在高师开设的研讨班,

---

① 从1992年(《来日方长》)以来整理出版的阿尔都塞著作已超过20种,其中大部分是他"自我批评"以后的写作。

② Louis Althusser, *Écrits philosophiques et politiques*. Tome I. (Paris, Stock/IMEC,1994),第一部分:"阿尔都塞之前的路易·阿尔都塞"。

③ 1953年的《关于马克思主义》《关于辩证唯物主义的笔记》和1955年的《论历史的客观性(致保尔·利科的信)》。

④ 从书中第四章抽取的《孟德斯鸠所论专制者与君主》一文提前发表于1958年11月的《精神》杂志。

⑤ "我有好几年时间一直在翻译他的书:这件工作耗时漫长,但我只发表了其中的十分之一。"《来日方长:阿尔都塞自传》,蔡鸿滨译,陈越校,上海人民出版社,2003年,第221页。

主题分别是青年马克思、结构主义、精神分析和"阅读《资本论》"。所以应该说，1965 **年耀眼的光辉**，实际上是从 1959 **年开始发出的**。

这一点也和他的自我评价相符。1975 年 6 月，已是著名哲学家的阿尔都塞在亚眠的庇卡底大学用代表作申请国家博士学位，这些著作包括:《孟德斯鸠》《保卫马克思》和《阅读〈资本论〉》中自己撰写的两章，以及翻译的费尔巴哈文选。显然，他是把这些作品当作自己理论生涯中一个意义重大的**完整时刻**来看待的。

所以毫不意外的是，在这本"小书《孟德斯鸠》"①里，我们可以看到他后来反复谈论的大部分**主题**的最初呈现："独自一人"或理论的孤独（"最伟大的哲学家都是**天生没有父亲的**"②）——"难题性"和"理论革命"——"科学的对象"和"从抽象到具体"——"矛盾"和"归根到底的决定作用"——"汇合"或"相遇"——没有"起源"、"没有目的和主体的过程"（"孟德斯鸠大概是马克思之前试图思考历史却没有为它提供目的的第一人。"第 56 页）；以及"把这样一种（建立在力量对比即剥削基础上的）结构的可持续性思考为各种情况组合的后果，这些情况相互竞争，最后从偶然的变成必然的。他还把国家思考为剥削者阶级——面对一个服从其统治和'专政'的社会中所有那些阶层——所拥有的剩余力量的结晶"③……

---

① 同上，第 180 页。

② 参见本书第 4 页译注。

③ "结构"指国家机器。语出 G. M. Goshgarian 为阿尔都塞《在哲学中成为马克思主义者》所作编者序，见 *Être marxiste en philosophie*, Paris, PUF, 2015, p. 35.

有一个尤其值得注意的主题,出现在这本书的开头和结尾。他把孟德斯鸠比作一个发现了**历史新陆地**的航海士。① 八年以后,这个重要的比喻被他重新拿起,用于描述马克思的"科学革命",但原先一片片的"陆地(terres)",现在成了一整块"大陆(continent)":

> ……马克思奠定了一门新科学——关于"社会形态"的历史科学——的基础。为了确切起见,我可以说,马克思为科学认识"开辟"了一个新大陆,即**历史**的大陆——正如泰勒斯为科学认识开辟了数学的大陆,伽利略为科学认识开辟了物理自然的大陆。②

---

① 见前言:"……他书中最后的语句,就是欢庆那终于靠近的海岸。他的确是向着未知事物出发的。但对于这位航海士来说,未知事物也无非是一片新陆地而已"(第 4 页);以及结语:"……这个独自一人出发并且真的发现了历史的新陆地的人,他脑子里的想法却只是要回家。他在最后一页为之欢呼的那片被征服的陆地,我曾假装忘记那正是要回归的地方。"(第 141 页)

② 阿尔都塞为《保卫马克思》外文版写的"致读者"(1967 年 10 月 10 日),见《保卫马克思》,前引,第 252 - 253 页。译文有较大改动。这是阿尔都塞第一次使用三个科学"大陆"的比喻。另外,此文也标志着他的"自我批评"的开端;后来在《自我批评材料》中,阿尔都塞专门强调这个新比喻的理论价值,在于通过"玩弄"(jouer sur)它和"断裂"的旧比喻之间的差异,"校正那些借用来的现成范畴,并从中——根据在理论中占据的**立场**所要求的部署——生产出新的范畴"(见 *Éléments d'auto-critique*, Paris, Hachette, 1974, pp. 18 -19)。

这个主题的再现和变奏，印证了后来阿尔都塞在《亚眠答辩》里的一番回顾："我当时已经是共产党人，同时，我也在努力成为马克思主义者——也就是说，我力图尽我的所能，去了解马克思主义到底**想说**什么。所以，这项研究18世纪哲学与政治的工作，我是打算把它当作理解马克思思想所必需的预备科目来做的。"《孟德斯鸠:政治与历史》，在阿尔都塞提交的那几本著作中，便是唯一代表这项"似乎已经放弃了"的"预备科目"的作品。①

但意味深长的是，如果说阿尔都塞是自觉地想要通过从孟德斯鸠那里的"迂回"去理解马克思，那是因为孟德斯鸠只是马克思"历史科学"的一个**不自觉的先驱**。也就是说，他的先驱意义，不仅在于他自觉地想要从历史事实中得出"法则"（在这一点上，他"的确是整个现代政治科学的自觉的先驱"。第38页），甚至于，不仅在于他自觉地成为"马克思之前试图思考历史却没有为它提供目的的第一人"，而且在于他的不自觉（"这个独自一人出发并且真的发现了历史的新陆地的人，他脑子里的想法却只是要回家"），在于他的时代错置（"通过一种奇特的历史轮回，一个面向过去的人却好像打开了未来的大门。"第137页）。**他以全部的不自觉暴露了马克思将要自觉地表述出来的历史科学的一个真正秘密**：历史行动的当事人总是会发现，"他们没有意识到这一点，但是他们这样做了"②，就像历史上那些真正的航海

------

① 见陈越编，《哲学与政治：阿尔都塞读本》，吉林人民出版社，2003年，第173、175页。译文已修订。

②《资本论》，第1卷，《马克思恩格斯全集》，第44卷，人民出版社，2001年，第91页。

士,他们"出发去了东方——却在西方为我们发现了西印度群岛"(第6页)。

这种"不自觉"①,也是《孟德斯鸠》中**随时随刻**出现的主题。例如阿尔都塞对孟德斯鸠的两种"法"(作为他的对象的人类**法**和他从这些对象中得出的、关于它们关系和变化的**法则**)的解释:"不要把人类行动的那些动机当成它的动因;不要把人们自觉地给自己提出的目的和理由当成真正的、往往是不自觉的原因——就是这些原因导致了他们的所作所为。"(第36页)这多么像是马克思的教诲:"必须时刻把下面两者区别开来:一种是生产的经济条件方面所发生的物质的、可以用自然科学的精确性指明的变革,一种是人们借以意识到这个冲突并力求把它克服的那些……意识形态的形式。"②在人们的所思所想和所作所为之间、在他们"意识到的"("自觉的")行动和这些行动的客观原因及后果之间、在意识形态和它的物质基础及现实条件之间,存在着一道绝对的距离或鸿沟。对于这道距离或鸿沟的认识——对意识的固有界限的认识,准确地说,就是**对意识形态的认识**。

这个主题如此简单而彻底,以至于在这本"小书"的每一页上,我们都可以看到它的惊人的实现。那种后来以"症状阅读"闻名于世的、"支撑着阿尔都塞事业的阅读观念"(朗西埃语)③,与

---

① inconscience,也可以译为"无意识"。
② 《〈政治经济学批判〉序言》,《马克思恩格斯选集》,第2卷,人民出版社,1995年,第33页。
③ 朗西埃,《词语的肉身》,朱康、朱羽、黄锐杰译,西北大学出版社,2015年,第219页。译文有改动。

其说来自精神分析，不如说更多地来自这个被阿尔都塞从马克思那里全力阐发出来的主题，是这个主题在文本上、在字里行间、在"看、听、说、读这些最'简单的'生存行为"①中的**自觉的实现**。

*　　*　　*

《孟德斯鸠:政治与历史》中译本的出版，距原著问世，已过去60年。这也意味着，将近半个世纪以来，中文世界的大多数读者都是通过英译本阅读和了解本书的。本书英译本收入1972年由新左派书局出版的阿尔都塞文集《孟德斯鸠，卢梭，马克思:政治与历史》②，译者是本·布鲁斯特(Ben Brewster)。他是当时英语世界首屈一指的阿尔都塞译者，此前曾翻译过《保卫马克思》《阅读〈资本论〉》(节本)③和《列宁和哲学及其他》。布鲁斯特译本对于阿尔都塞著作的传播功不可没。但是，经过和法文版对照，我们还是发现这些译本存在不少缺憾，特别是一些明显的误译和漏译。这些译本出版至今，不断再版和重印，但从未修订。所以，在本书中译本出版之际，向此前的英译本读者指出这些问题，我认为是必要的。

---

① Louis Althusser, *Lire le Capital*, Paris, PUF, 1996, p. 6

② Louis Althusser, *Montesquieu, Rousseau, Marx: Politics and History*, London, NLB, 1972.

③《阅读〈资本论〉》全本的英译本已于2015年由Verso出版，但并不是一个全新的译本，而是沿用了原有的布鲁斯特译文，其余部分为David Fernbach所译。

——我们可以明确举出的英译本漏译之处有:

法文版第 24 页(参照本书边码,下同)第 25 行起:En vérité, la physique n'est pas seule en cause [的确,问题不仅仅在于物理学]。英文版相应位置为第 27 页第 26 行,缺此句。

法文版第 40 页第 2 行:le chapitre I du livre I [第一章第一节]。英文版第 40 页第 24 行,缺"第一节"(因下文谈及第二节,故不可缺)。

法文版第 41 页第 13 行起:Le théologien y trouvera son content [神学家对此感到满意]。英文版第 41 页第 25 行,缺此句。

法文版第 49 页第 15 行:dans sa philosophie de l'histoire [在他的历史哲学中]。英文版 48 页第 4 行,缺此短语。

法文版第 56 页第 20 行起:dans les deux cas il existe un élément déterminant en dernière instance [在两种情况下,都存在着归根到底起决定作用的要素]。英文版第 53 页第 30 行,缺此分句,造成排比句式逻辑关系的不完整。

法文版第 63 页第 6 行:parlant de mœurs s'exprimant politiquement dans le principe [比如谈到风俗**政治化地表现在原则中**]。英文版第 59 页第 5 行,缺"政治化地"。

法文版第 79 页第 24 行起:imposant son règne à l'État tout entier [同时又把自己的支配地位强加给整个国家]。英文版第 72 页第 24 行,缺此分句。

法文版同上页第 25 行起:Ce *préjugé*, tout étranger à la vérité qu'il soit, tourne cependant à l'avantage de la réalité politique [**这种成见**,无论它是什么,都与真实完全无关,但却转变为政治现实性的优势。]。英文版第 72 页第 25 行,缺此句。

法文版第 107 页第 25 行：comme celui d'un corps de noblesse［和产生贵族实体的原则一样］。英文版第 94 页第 30 行，缺此短语。

法文版第 120 页注释中：parce qu'elle aurait en même temps la puissance exécutive［因为它同时也将拥有行政权］。英文版第 105 页注释中缺此分句。

法文版第 122 页第 7 行：appareil d'État féodal［封建的国家机器］。英文版第 106 页第 22 行，缺"封建的"。

——明显的误译之处有：

法文版第 38 页第 16 行起：Peu importe qu'elle soit dite divine, et s'exerce par le ministère de la religion; naturelle ou morale et s'exerce par l'enseignement des pères et des maîtres...［至于它们是所谓的神为法，为宗教神职人员所行使；还是自然法或道德法，为父亲和老师的教育……所行使……这些都没什么关系］。英文版第 39 页 15 - 16 行，将分号前后不相干的词连在一起，译作：the ministrations of natural religion［自然宗教的神职人员］。

法文版第 40 页第 25 行：non plus honteux［不再羞羞答答］。英文版第 41 页第 6 行译作：no less prudish［同样羞羞答答］。

法文版第 44 页第 9 行：chef-d'œuvre achevé dans une œuvre inachevée［一个不完整作品中的完整杰作］。英文版第 44 页第 1 行译作：a complete master-piece within an incomplete master-piece［一个不完整杰作中的完整杰作］。

法文版第 44 页第 31 行：lui devoir［归功于它］（"它"指前面所说的孟德斯鸠的"原则"）。英文版第 44 页第 21 行译作：owe him［应给予他］。

法文版第 53 页 25 行起：non pas dans l'ordre des *temps*, mais dans l'ordre des *causes*[不是**时间**的顺序，而是**原因**的顺序]。英文版 51 行第 17 行译作：either in the order of *time*, or in that of *causes*[不论是**时间**的顺序，还是**原因**的顺序]。

法文版第 60 页第 9 行起：Mais il en va des principes comme des formes pures du gouvernement[但那些原则就如同政体的纯形式一样]。英文版第 56 页 26 行起译作：But he does set out from principles as the pure forms of the government[但他的确是从作为政体的纯形式的原则出发的]，没有注意到这里 il en va des... comme des... 其实是一个固定句式，用于比较同样的情况。

法文版第 65 页倒数第 4 行起：...si on ne les pouvait attendre de règles plus légères[……除非人们能够指望从更轻便的规则中得到它们]。英文版第 61 页倒数第 13 行起译作：...if they could not be attenuated by milder laws[……除非它们能够被更温和的法所减弱]。

法文版第 75 页第 14 行起：... ces *accidents* que sont les inégalités constituées des hommes [……那些**意外事件**，即由那些人们所构成的种种不平等]。英文版 69 页第 10 行起译作：... those *accidents* constituted by the inequalities of men [……由人们的种种不平等所构成的那些**意外事件**]。

法文版第 86 页第 30 行起：indistinction[无区分]。英文版 78 页第 13 行译作：distinction [区分]。

法文版第 99 页第 19 行：l'essence du pouvoir[权力的本质]。英文版第 88 页第 7 行译作：the separation of powers[分权]。

法文版第 105 页第 18 行起：d'autre part des malheurs dont le despote réserve le privilège aux *grands*[另一方面的不幸则是要由专

制者为**大人物**保留其特权]。英文版第 93 第 7 行起译作:and on the other with the misfortunes the despot reserves primarily for the great[另一方面是由于专制者首先为**大人物**保留的不幸]。

法文版第 118 页第 22 行:l'appareil d'État de la monarchie absolue[绝对君主政体下的国家机器]。英文版第 103 页第 27 – 28 行译作:the State apparatus and absolute monarchy[国家机器和绝对君主政体]。

法文版第 119 页第 11 行起:... qui a connu non seulement comme l'Allemagne du XVIe ses guerres des paysans et ses jacqueries[……不仅像 16 世纪德国那样有农民战争和农民起义]。英文版第 104 页第 11 行起译作:... which had not only the peasants' wars and jacqueries of sixteenth-century Germany[……不仅有 16 世纪德国的农民战争和农民起义]——注意此句说的是 17 世纪的法国。

法文版第 119 页第 18 行:journées populaires[人民的日子]。英文版第 104 页第 16 行变成了法文 journées révolutionnaires[革命的日子]。

法文版第 120 页注释中:... n'est donc possible que balancée au sein du législatif,par la représentation des nobles [因此……也只有在立法机关内部为贵族的代表制所平衡,方是可能的]。英文版第 105 页注释中译作:... was thus not balanced within the legislature by the representation of the nobility[因此……也没有在立法机关内部为贵族的代表制所平衡]。

法文版第 121 页倒数第 2 行起:l'adversaire de l'ordre présent[现秩序的对手]。英文版第 106 页第 15 行起,译作:an opponent of a political order[一种政治秩序的对手]。

——其他在全书各处出现的译法问题,特别重要的有:

把 devoir(s) 应该译作"应当"的地方,有一次(法文版第 18 页第 4 行,英文版第 22 页第 17 行)译成 duties[职责],另一次(法文版第 36 页第 10 行,英文版第 37 页第 19 − 20 行)译成'oughts' or norms["应当"或规范],其余地方都译成 norm(s)[规范]。还有一处(法文版第 39 页第 25 行,英文版第 40 页第 15 行)de devoir-être["应当是"的],译成了 normative[规范的]。

对作者在完全不同的意义上所使用的 loi naturelle[自然法]和 droit naturel[自然权利]这两个概念不加区分,都译成 natural law[自然法]。

以上均属硬伤性质的问题,不包括其他可以商榷的译法。① 指出这些缺憾并非苛求于前人。翻译是完美主义者的事业,记住缺憾的存在也是为了提醒我们自己记住这项事业的艰难和责任。

* * *

本书由霍炬对照英、法文版译出初稿,由我依据法文版定稿。初稿翻译始于 2002 年。当时我打算把它收入《哲学与政治:阿尔都塞读本》,后因篇幅原因放弃。霍炬于 2007 年把初稿交给了我,所以,后来的延宕都是我的责任。当然,延宕的好处是,经过不知多少次打磨,也许可以让这本书以稍为令人放心的面貌问世了。

感谢吴子枫审读了译稿,他提供的数百条建议大多已被采

---

① 另外,中译本也纠正了法文版的一些误植,均在译注中说明。

纳。在"阿尔都塞著作集"编译过程中,我们之间建立的相互审读模式,有效保障了翻译的质量,以及译名、文风、格式诸方面的协调统一。

感谢艾蒂安·巴利巴尔先生为中文版"阿尔都塞著作集"撰写序言,几年来,他一直关心着这项工作的进展。

我们的工作只迈出了前几步,却得到许多朋友和无数读者的支持与鼓励,在此谨表谢忱。

陈　越

2020 年 3 月

著作权合同登记号:陕版出图字 25-2012-220

图书在版编目(CIP)数据

孟德斯鸠:政治与历史/(法)路易·阿尔都塞著;霍炬,陈越译. ——西安:西北大学出版社,2020.5(2024.11 重印)

(精神译丛/徐晔,陈越主编)

ISBN 978-7-5604-4520-5

I. ①孟… II. ①法… ②霍… ③陈… III. ①孟德斯鸠(Montesquieu, Charles Louis de Secondat 1689—1775)—思想评论 IV. ①B565.24

中国版本图书馆 CIP 数据核字(2020)第 069569 号

孟德斯鸠:政治与历史

[法]路易·阿尔都塞 著
霍炬 陈越 译

出版发行:	西北大学出版社
地　　址:	西安市太白北路 229 号
邮　　编:	710069
电　　话:	029-88302590
经　　销:	全国新华书店
印　　装:	陕西博文印务有限责任公司
开　　本:	889 毫米×1194 毫米　1/32
印　　张:	7.25
字　　数:	150 千
版　　次:	2020 年 5 月第 1 版　2024 年 11 月第 3 次印刷
书　　号:	ISBN 978-7-5604-4520-5
定　　价:	56.00 元

本版图书如有印装质量问题,请拨打电话 029-88302966 予以调换。

Montesquieu, la politique et l'histoire

by Louis Althusser

Copyright © Presses Universitaires de France 2003.

Chinese simplified translation copyright © 2020

By Northwest University Press Co., Ltd.

ALL RIGHTS RESERVED

Re 精神译丛（加*者为已出品种）

第一辑

*从莱布尼茨出发的逻辑学的形而上学始基	海德格尔
*德国观念论与当前哲学的困境	海德格尔
*正常与病态	康吉莱姆
*孟德斯鸠：政治与历史	阿尔都塞
*论再生产	阿尔都塞
*斯宾诺莎与政治	巴利巴尔
*词语的肉身：书写的政治	朗西埃
*歧义：政治与哲学	朗西埃
*例外状态	阿甘本
*来临中的共同体	阿甘本

第二辑

*海德格尔——贫困时代的思想家	洛维特
*政治与历史：从马基雅维利到马克思	阿尔都塞
*怎么办？	阿尔都塞
*赠予死亡	德里达
*恶的透明性：关于诸多极端现象的随笔	鲍德里亚
*权利的时代	博比奥
*民主的未来	博比奥
帝国与民族：1985—2005年重要作品	查特吉
*政治社会的世系：后殖民民主研究	查特吉
*民族与美学	柄谷行人

第三辑

*哲学史：从托马斯·阿奎那到康德　　　　　　　海德格尔
　布莱希特论集　　　　　　　　　　　　　　　本雅明
*论拉辛　　　　　　　　　　　　　　　　　　巴尔特
　马基雅维利的孤独　　　　　　　　　　　　　阿尔都塞
　写给非哲学家的哲学入门　　　　　　　　　　阿尔都塞
*康德的批判哲学　　　　　　　　　　　　　　德勒兹
*无知的教师：智力解放五讲　　　　　　　　　朗西埃
*野蛮的反常：巴鲁赫·斯宾诺莎那里的权力与力量　奈格里
*狄俄尼索斯的劳动：对国家—形式的批判　　　　哈特 奈格里
　免疫体：对生命的保护与否定　　　　　　　　埃斯波西托

第四辑

*古代哲学的基本概念　　　　　　　　　　　　海德格尔
　黑格尔《精神现象学》的发生与结构（上卷）　　伊波利特
　卢梭三讲　　　　　　　　　　　　　　　　　阿尔都塞
*野兽与主权者（第一卷）　　　　　　　　　　德里达
*野兽与主权者（第二卷）　　　　　　　　　　德里达
*黑格尔或斯宾诺莎　　　　　　　　　　　　　马舍雷
　第三人称：生命政治与非人哲学　　　　　　　埃斯波西托
　二：政治神学机制与思想的位置　　　　　　　埃斯波西托
　领导权与社会主义战略：走向激进的民主政治　拉克劳 穆夫
　德勒兹：哲学学徒期　　　　　　　　　　　　哈特

第五辑

*基督教的绝对性与宗教史	特洛尔奇
黑格尔《精神现象学》的发生与结构（下卷）	伊波利特
哲学与政治文集（第一卷）	阿尔都塞
*疯癫，语言，文学	福柯
*与斯宾诺莎同行：斯宾诺莎主义学说及其历史研究	马舍雷
事物的自然：斯宾诺莎《伦理学》第一部分导读	马舍雷
*感性生活：斯宾诺莎《伦理学》第三部分导读	马舍雷
拉帕里斯的真理：语言学、符号学与哲学	佩舍
速度与政治：论竞速学	维利里奥
《狱中札记》新选	葛兰西

第六辑

生命科学史中的意识形态与合理性	康吉莱姆
哲学与政治文集（第二卷）	阿尔都塞
心灵的现实性：斯宾诺莎《伦理学》第二部分导读	马舍雷
人的状况：斯宾诺莎《伦理学》第四部分导读	马舍雷
帕斯卡尔和波-罗亚尔	马兰
非哲学原理	拉吕埃勒
*连线大脑里的黑格尔	齐泽克
性与失败的绝对	齐泽克
*探究（一）	柄谷行人
*探究（二）	柄谷行人

第七辑

论批判理论：霍克海默文集（一）	霍克海默
*美学与政治	阿多诺 本雅明等
现象学导论	德桑第
历史论集	阿尔都塞
斯宾诺莎哲学中的个体与共同体	马特龙
解放之途：斯宾诺莎《伦理学》第五部分导读	马舍雷
黑格尔与卡尔·施米特：在思辨与实证之间的政治	科维纲
十九世纪爱尔兰的学者和反叛者	伊格尔顿
炼狱中的哈姆雷特	格林布拉特
活力物质："物"的政治生态学	本内特

第八辑

论哲学史：霍克海默文集（二）	霍克海默
哲学和科学家的自发哲学（1967）	阿尔都塞
模型的概念	巴迪乌
文学生产理论	马舍雷
马克思1845：《关于费尔巴哈的提纲》解读	马舍雷
艺术的历程·遥远的自由：论契诃夫	朗西埃
第一哲学，最后的哲学：形而上学与科学之间的西方知识	阿甘本
潜能政治学：意大利当代思想	维尔诺 哈特（编）
谢林之后的诸自然哲学	格兰特
摹仿，表现，构成：阿多诺《美学理论》研讨班	詹姆逊